本书系全国教育科学规划教育部青年课题“不同数感水平儿童的认知差异及干预研究”
(课题批准号：EBA160405)的研究成果

ERTONG SHUGAN DE FAZHAN YU PEIYANG YANJIU

儿童数感的发展与培养研究

霍雨佳◎著

汕頭大學出版社

图书在版编目（CIP）数据

儿童数感的发展与培养研究 / 霍雨佳著 . -- 汕头 : 汕头大学出版社 , 2019.3

ISBN 978-7-5658-3887-3

Ⅰ . ①儿… Ⅱ . ①霍… Ⅲ . ①数学课－教学研究－学前教育 Ⅳ . ① G613.4

中国版本图书馆 CIP 数据核字（2019）第 055689 号

儿童数感的发展与培养研究
ERTONG SHUGAN DE FAZHAN YU PEIYANG YANJIU

著　　者：霍雨佳
责任编辑：宋倩倩
责任技编：黄东生
封面设计：汤　丽
出版发行：汕头大学出版社
广东省汕头市大学路 243 号汕头大学校园内　邮政编码：515063
电　　话：0754-82904613
印　　刷：北京虎彩文化传播有限公司
开　　本：787mm × 1092mm　1/16
印　　张：11.25
字　　数：161 千字
版　　次：2019 年 3 月第 1 版
印　　次：2019 年 4 月第 1 次印刷
定　　价：56.00 元
ISBN 978-7-5658-3887-3

前　言

我们每天都生活在数字之中，上网、购物和出行等日常活动都离不开数字，我们可以使用数字计算卫星飞行的速度、计算国内生产总值 (GDP)，具备处理数字的相关能力对我们的生存和发展必不可少，而数感 (number sense) 正是形成和发展各种数学能力的基础和前提。数感一直以来都是认知心理学、发展心理学和数学教育心理学等领域的研究热点。同时，培养儿童的数感也是各国义务教育阶段数学课程的重要目标。

本书主要围绕儿童数感的结构与测量、儿童数感的发展特点、儿童数感的认知机制、儿童数感的脑机制和如何培养儿童的数感这五个环环相扣的问题展开。首先，从数感的心理内涵和要素入手，探索儿童数感的心理结构，编制具有较高信效度指标的儿童数感评定量表，为儿童数感的评定提供有效的测量工具。其次，从行为层面，采用心理测量学的方法对儿童数感的发展情况进行测量，揭示儿童数感发展的年龄特点和性别差异，探索儿童数感发展的关键期。然后，深入到认知层面，对不同数感水平儿童的数量表征结果进行数据拟合，建立高低数感儿童数量表征的数学模型，揭示不同数感水平儿童数量表征模式上的差异性和发展特点。再次，更进一步深入到脑机制层面，使用事件相关电位 (ERPs) 的技术手段对不同数感水平儿童在数字加工过程中表现出的心理效应进行了分析，揭示了不同数感水平儿童的脑机制特征和差异。最后，以儿童数感的理论研究为基础，采用实验组和控制组前后测的实验设计模式，随机选取两个平行教学班分别作为实验组和控制组，对实验组的被试进行数感教学干预，以期提高其数感的发展水平。通过教育实验研究的方法考察教学干预对儿童数感发展的干预效果，探索促进儿童数感发展的有效教学方式，为教师的数感教学提供心理学依据。

本书从心理学的视角，运用实证研究的方法对儿童数感进行了系统的研究和阐述，具有以下三个方面的特色：首先，在研究视角方面，以往对数感的研究都是从问题解决的视角出发对数感进行界定，并使用数学测验的方式对儿童的数感发展水平进行测量和评定，但是这种对数感的界定并没有阐明数感的心理内涵和要素，其测评方式也不能完全反映数感的心理结构和心理状态。本书从个体对数字及其结果的知觉、判断和体验这一心理内涵角度对数感进行界定，并编制了可以有效测量儿童数感发展水平的心理量表，探索了儿童数感的心理结构。其次，在研究方法方面，本书使用了心理测量、行为实验、教育实验和事件相关电位技术等多种研究方法和技术手段对儿童数感进行了研究，考察了儿童数感的发展特点，揭示了不同数感水平儿童数量表征模式的差异性和脑机制的差异性，探索了可以有效提高儿童数感水平的教学方式。多种研究方法的综合使用，弥补了以往使用单一研究方法的不足，有一定的创新性。最后，在研究内容方面，本书除了注重对儿童数感的结构、儿童数感的发展特点、儿童数感的认知机制、儿童数感的脑机制等理论问题进行研究外，还注重对儿童数感干预和培养等实践问题的研究，并将两者有机地结合在一起，数感的理论研究为儿童数感的干预和培养提供了可靠的依据，使儿童数感干预更加具有针对性和适用性。希望本书不仅可以为数学教育理论研究工作者提供借鉴，同时也可以为广大中小学一线教师提供指导和帮助。

霍雨佳

2018年12月于龙城

目　录

第一章　绪　论……………………………………………1

一、 数感的内涵 ……………………………………………… 1

二、数感与数概念 …………………………………………… 3

三、数感与数能力 …………………………………………… 4

四、本书结构介绍 …………………………………………… 5

五、本书的特色 ……………………………………………… 7

第二章　儿童数感的结构与测量…………………………9

一、问题提出 ………………………………………………… 9

二、数感理论维度的构建 ………………………………… 16

三、儿童数感结构的研究方法 …………………………… 17

四、儿童数感结构的研究结果 …………………………… 19

五、儿童数感的结构模型 ………………………………… 35

六、儿童数感评定量表项目的确定与分析 ……………… 38

七、小结 …………………………………………………… 39

第三章　儿童数感的发展特点……41
一、问题提出 …… 41
二、儿童数感发展特点的研究方法 …… 44
三、儿童数感发展特点的研究结果 …… 46
四、儿童数感发展的年龄特点与关键期 …… 49
五、儿童数感发展的性别特点 …… 52
六、小结 …… 54

第四章　儿童数感的认知机制……56
一、问题提出 …… 56
二、儿童数感认知机制的研究方法 …… 61
三、儿童数感认知机制的研究结果 …… 68
四、不同数感水平儿童数量表征的差异性 …… 79
五、不同数感水平儿童数量表征模式的差异性 …… 82
六、小结 …… 84

第五章　儿童数感的脑机制……86
一、问题提出 …… 86
二、儿童数感脑机制的研究方法 …… 91
三、儿童数感脑机制的研究结果 …… 97
四、不同数感水平儿童的数字加工速度和准确性 …… 105
五、不同数感水平儿童的数字符号效应 …… 107
六、不同数感水平儿童的数字距离效应 …… 108

七、小结 …………………………………………………………… 110

第六章 儿童数感的培养……………………………………112

一、问题提出 ……………………………………………………… 112
二、儿童数感培养的研究方法 ………………………………… 114
三、儿童数感培养的实验结果 ………………………………… 121
四、数感干预教学的有效性 …………………………………… 125
五、数感干预教学的适用性 …………………………………… 126
六、小结 …………………………………………………………… 128

第七章 结 语…………………………………………………129

一、儿童数感的结构与测量工具 ……………………………… 129
二、儿童数感的发展特点与启示 ……………………………… 131
三、儿童数感的认知机制与启示 ……………………………… 133
四、儿童数感的脑机制与启示 ………………………………… 135
五、儿童数感干预研究及其对教育教学的启示 ……………… 138
六、对儿童数感未来研究的展望 ……………………………… 141

参考文献…………………………………………………………145

附录：儿童数感干预的教学设计（案例）……………………163

第一章　绪　论

数感是数学认知的基础和起源，我们的各种数学能力都是由数感发展而来的。数感的研究是认知心理学中一个比较新的领域，对数感的深入研究不仅有助于揭示人类抽象思维能力的起源和发展，还有助于儿童数学思维的培养。

一、数感的内涵

“数感”这个概念是由 Tobias Dantzig（1954）在其著作《数：科学的语言》中首次提出的。他认为数感是对集合中数量变化的辨识能力，当在一个小的集合里面，增加或者减去一样东西的时候，这种能力可以使人能够辨认出其中的变化。Sowder（1992）认为数感是关于数的一个网络结构，它可以将数字与和它相关的一系列操作特性相联系，并以灵活的方式解决与数字相关的问题。法国心理学家 Dehaene 最先把数感这个概念引入到了心理学的研究领域，他认为数感就是快速地理解、估计和操作数量的能力（Dehaene， 1997， 2001），如人们可以快速地判断出 9 比 5 大，3 在 2 和 4 之间，12+15=96 是错误的等，这些都是数感的具体体现。Reys 等（1998）从教育心理学视角来认识数感，认为数感是个人对数和运算的一般理解 （understanding），以及能够灵活地利用这种对数和运算的理解做出数学判断（make mathematical judgement）和形成有效策略（develop useful strategies）来处理数和运算问题的能力和倾向。所以数感反映了使用数（numbers）和定量方法（quantitative method）作为手段来交流、处理和解释问题的能力和倾向。数感使学生产生了数是有用的、数学是有某种规律的期望。

在国内对数感的研究中，马云鹏等（2002）认为数感是一种主动和自动化地理解数和运用数的态度与意识，是形成数概念和进行运算等数学活动的基础。数感较高的学生，常常可以自然地将现实生活中的问题与数联系起来，并用数学的方式思考和解决问题。汤服成等（2003）把数感看作是一种与情境相关联的内隐的、非结构性的关于数和运算等方面的程序性知识。台湾学者杨德清（2009）认为数感是个人对数、运算以及它们之间关系的理解，并在此基础上发展灵活、有效的策略来解决与数字相关的实际问题的能力。司继伟（2010）更加明确地提出了数感是包含了具体情境中运算策略和数字的应用、数字意义和关系的理解和感知、比较数字大小等多种基本算数能力的组合，数感在本质上就是多种算术能力的组合。

关于数感概念的定义，不同学者因认识的角度和侧重点不同，对其含义的界定也不相同，通过对已有数感定义的梳理和分析可以发现，大部分的学者都是从能力观的角度对数感进行界定，但是这种界定只是强调了数感概念中所包含的认知加工的成分，而忽视了数感中所包含的情感体验的成分，所以并不能全面地反映数感的内涵。Kastner（1989）曾指出数感可以使人有信心来判断答案的合理性。Sowder（1990）则为不同数感水平的学生描绘了一幅剖面图：高数感水平的学生在数学学习和数学问题的解决中怀有强烈的自信心，并且能在数学学习和数学问题的解决中获得愉快的情感体验；而低数感水平的学生则对数学学习和数学问题的解决缺乏自信心，同时他们也很少能从数学学习和问题解决等数学活动中获得积极的情感体验。熊丙章和毛君顺（2005）通过对我国小学四年级儿童的调查也发现，数学自信心水平与数感水平具有非常密切的关系，并且明确提出数感中包含着情感体验的成分，并建议应注意发掘和展示数感中蕴含的情感因素。《义务教育数学课程标准（2011 年版）》中在设定课程目标时，也明确指出数学思考、问题解决和情感体验不是相互独立和割裂的部分，而是一个密切联系、相互交融的整体结构。同时，大部分《义务教育数学课程标准》研制组的核心成员专家也都谈到高数感水平的学生一般能够主动地参与数学活动，对数学学习有一种更加积极的情感体验，同时对数学问题的解决和结果的把握也比较有自信。

通过上述的分析我们可以发现，从数感概念的内涵来看，数感既包含认知加工成分，同时也包含情感体验这一成分。因此，本书从个体对数字及其结果的知觉、判断和体验这一心理内涵角度对数感进行界定，认为数感就是人在对数字及其关系知觉的基础上，对结果做出的一种快速而确定的判断。数感是一个包括数字知觉、结果判断和情感体验的一个整体的心理结构，是对数及其结果整体把握的心理状态。数感使个体形成了对数的一种整体反应，反映了个体对数学的态度和体验。

二、数感与数概念

数概念是人脑对客观事物数量属性的认识。数概念的形成是对不同实体集合数量相似性的一种抽象概括。例如，儿童要形成“2”这个概念，就必须发现个数为“2”的集合在数量上具有相似性（韩琎琎、陈蒲晶、陈英和，2010）。正如 Russell 所指出的那样：“不知道要经过多少年，人类才会发现一对锦鸡和两天同是‘2’这个概念的例子。”现在英语中还有不少词来表达“2”这个概念，如：“Pair”“Couple”“Set”“Team”“Twin”“Brace”等，同样汉语中也有一些不同的字来表达“2”这个概念，如：“对”“双”“两”等，这些都反映了数概念的形成过程是一个从具体到抽象的过程。数感与数概念是既有区别又有联系的两个概念，它们的区别主要体现在成分和发展特点两个方面。首先，数感和数概念两者所包含的成分不同。数感强调的是对数的一种感悟，是一种对数的整体感知和把握，所以它既含有原始的、经验性的感知成分，同时又含有思维的成分（史宁中、吕世虎，2006）。数概念是通过对实体集合数量相似性的抽象概括而得出的，是人脑抽象思维的结果。其次，数感和数概念的发展特点也不相同。中国科学院心理研究所和原西南师范学院等 10 余所高校合作，对我国 10 个地区 969 名 7—12 岁儿童数概念的发展特点和规律进行了研究，协作研究结果表明儿童数概念发展的关键期主要在小学中高年级年龄阶段（刘范等，1981）；而儿童数感发展的关键期主要在小学低年级年龄阶段（郭民、史宁中，2011）。同时，数感与数概念又具有一定的联系，数概念是一种抽象概念，具有不同于具体概念的特点，描述数概念需要借助集合来实现（陈英和，2015）。由于数概念的这种特点，研究者对于数概念的发展到底属于领域一般性还是领域特殊性的问题，一直存在争论。以格尔曼（Gelman，1991；Wynn，1995）为首的一些心理学家则认为儿童的数概念发展是基于儿童的数字敏感性，这种对数字的敏感性，不仅为儿童提供一种表征物体数量的模式，而且还可以使儿童将注意力聚焦在数量上，通过忽视非数量方面的物理特点来促进其在数量上的表征。数感的研究可能在一定程度上对数概念的发展是属于领域一般性还是领域特殊性的问题研究有所启示。

三、数感与数能力

能力是个人顺利完成某种活动所必须具备的心理特征（黄希庭，2001）。能力总是和个体的某种活动相联系并表现在活动之中，是保证活动取得成功的基本条件。数学能力是顺利完成数学活动所必须具备的而且直接影响其活动效率和效果的一种个性心理特征，它是在数学活动过程中形成和发展起来的，并且在这类活动中表现出来的比较稳定的心理特征（克鲁切茨基，1984）。苏联心理学家克鲁切茨基对中小学生能力结构进行了长达 12 年的研究，提出中小学生数学能力主要包括 9 种：① 能使数学材料形式化，并用形式的结构，即关系和联系的结构来进行运算的能力；②能概括数学材料，并能从外表上不同的方面去发现共同点的能力；③ 能用数学和其他符号进行运算的能力；④ 能进行有顺序的严格分段的逻辑推理能力；⑤ 能用简缩的思维结构进行思维的能力；⑥ 能逆转心理过程，从顺向的思维系列过渡到逆向思维系列的能力；⑦ 思维的机动灵活性，即从一种心理运算过渡到另一种心理运算的能力；⑧ 数学记忆力，关于概括化、形式化结构和逻辑模式的记忆力；⑨ 能形成空间概念的能力。林崇德教授（2011）主持的"中小学生能力发展与培养"实验研究，即从思维品质入手，对数学能力结构做了如下描述："数学是以概括为基础，将运算能力、空间想象能力、逻辑思维能力和思维的深刻性、灵活性、独创性、批判性、敏捷性所组成的开放的动态系统结构。数学能力结构应包括传统的 3 种数学能力以及 5 种思维品质。"

关于数感与数学能力的关系，Libertus（2012）的研究表明，在严格控制智商、视觉工作记忆、执行功能、言语能力等相关因素的情况下，数感与数学能力之间具有很强的相关关系。乔福强（2010）对小学儿童数感与数学能力的关系进行了相关研究，研究结果表明小学儿童数感与数学能力之间呈显著正相关关系。另外一些追踪研究还表明，数感对数学能力具有一定的预测作用，幼儿的数感水平越高，其进入小学后的数学能力就越强，但是数感对非数字的认知能力并没有预测作用（Mazzoco et al.， 2011）。同时，数字认知加工的研究也表明数感是数学认知和数学能力形成的基础（Dehaene et al.，2004）。正因为数感是形成和发展运算能力、数据分析能力和推理能力等各种数学能力的基础和前提，所以《义务教育数学课程标准（2011 年版）》才把数感这个概念放在了 10 个核心概念的首位，以凸显数感在中小学数学教育中的基础地位和作用。

四、本书结构介绍

本书主要围绕儿童数感的结构与测量、儿童数感的发展特点、儿童数感的认知机制、儿童数感的脑机制和如何培养儿童的数感这 5 个环环相扣的问题展开。本书的框架和各章节之间的逻辑关系如图 1.1 所示：

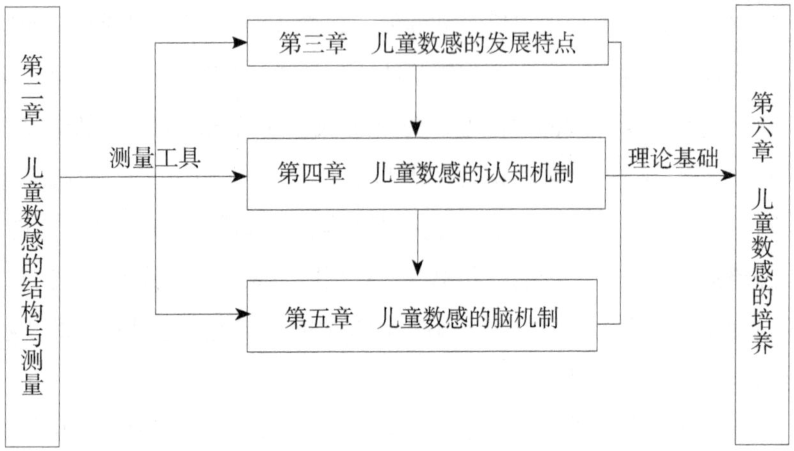

图 1.1 本书逻辑结构框架

第二章主要从数感的心理内涵和要素入手，探索儿童数感的心理结构，并编制具有较高信效度指标的儿童数感评定量表，为儿童数感的评定提供有效的测量工具。

第三章、第四章和第五章是儿童数感的理论研究部分，这 3 个部分以揭示儿童数感发展的差异性为逻辑线索，采用步步深入的方式展开研究。首先，从行为层面，采用心理测量学的方法对儿童数感的发展特点进行测量，揭示儿童数感发展的年龄特点和性别差异，探索儿童数感发展的关键期。其次，深入到认知层面，对不同数感水平儿童在行为实验中的数量表征结果进行数据拟合，建立高低数感儿童数量表征的数学模型，揭示不同数感水平儿童数量表征模式上的差异性和发展特点。最后，更进一步深入到脑机制层面，使用事件相关电位（ERPs）的技术手段对不同数感水平儿童在数字加工过程中表现出的心理效应进行分析，揭示不同数感水平儿童的脑机制特征和差异。儿童数感的理论研究为儿童数感的教学干预研究提供了理论基础。

第六章是以儿童数感的理论研究为基础，采用实验组和控制组前后测的实验设计模式，随机选取两个平行教学班分别作为实验组和对照组，对实验组的学生进行数感教学干预，以期提高其数感的发展水平。通过教育实验研究的方法考察教学干预对儿童数感发展的作用效果，探索促进儿童数感发展的有效教学方式，为数学教师的数感教学提供心理学依据。

五、本书的特色

本书从心理学的视角，运用实证研究的方法对儿童数感进行了系统的研究和阐述。与已有研究相比，本书有以下 3 个方面的特色：

首先，研究视角独特。以往对数感的研究都是从问题解决的视角出发对数感进行界定，并使用数学测验的方式对儿童的数感发展水平进行测量和评定，但是这种对数感的界定并没有阐明数感的心理内涵和要素，其测评方式也不能完全反映数感的心理结构和心理状态。本书从个体对数字及其结果的知觉、判断和体验这一心理内涵角度对数感进行界定，并编制了可以有效测量儿童数感发展水平的心理量表，探索了儿童数感的心理结构。

其次，研究方法多样。本书使用了心理测量、行为实验、教育实验和事件相关电位技术等多种研究方法和技术手段对儿童数感进行了研究，考察了儿童数感的发展特点，揭示了不同数感水平儿童数量表征模式的差异性和脑机制的差异性，探索了可以有效提高儿童数感水平的教学方式。多种研究方法的综合使用，弥补了以往使用单一研究方法的不足，有一定的拓展和创新。

最后，研究内容系统。本书围绕数感的结构与测量、儿童数感的发展特点、儿童数感的认知机制、儿童数感的脑机制以及儿童数感的培养等问题对儿童数感进行了系统的研究。第一，从数感的心理内涵和要素入手，编制了可以有效测量儿童数感发展水平的心理量表。在此基础上，调查和分析了儿童数感发展的年龄特点和性别差异，明确了儿童数感发展的关键期。第二，进一步对不同数感水平儿童在实验中的数量表征结果进行数据拟合，建立了高低数感儿童数量表征的数学模型，揭示了不同数感水平儿童数量表征模式上的差异性和发展特点。第三，对不同数感水平儿童在数字加工过程中表现出的心理效应进行了分析，揭示了不同数感水平儿童的脑机制特征和差异。第四，通过教育实验法来考察教学干预对儿童数感发展的作用效果，探索了促进儿童数感发展的有效教学方式，为数学教师的数感教学提供了心理学依据。

第二章　儿童数感的结构与测量

数感不仅是学生数学学习的重要课程内容，而且还是形成和发展其他数学能力的基础。数感水平高的学生，其数学学业水平往往也高，对数学学习的信心和兴趣也相对较高；而数感水平较低的学生，在面对数学问题时，往往缺乏信心和判断力，其在数学学习当中所遇到的问题也更加突出。因此，了解儿童数感发展的水平和特点就显得尤其重要。要实现这一目标，就需要一个符合心理测量学标准的数感评定量表作为测量工具，因此编制适合我国教育文化背景的儿童数感评定量表就具有非常重要的意义。

一、问题提出

（一）数感的结构

数感是一个多维度和多层次的心理结构，不同研究者对数感的结构成分进行了研究，并提出了相应的数感结构模型。Mcintosh 等（1992）最早提出了数感的三成分模型，他们认为数感是个人对数和运算的一般理解，以及灵活地利用这种对数和运算的理解做出数学判断和形成有效策略来处理现实情境中与数字和运算有关的问题的能力和倾向。所以数感反映了使用数（numbers）和定量方法（quantitative method）作为手段来交流、处理和解释问题的能力和倾向。数感是由数字的知识、运算的知识与应用数字和运算的现实情境三种基本的成分构成的整体，其结构模型如图 2.1 所示：

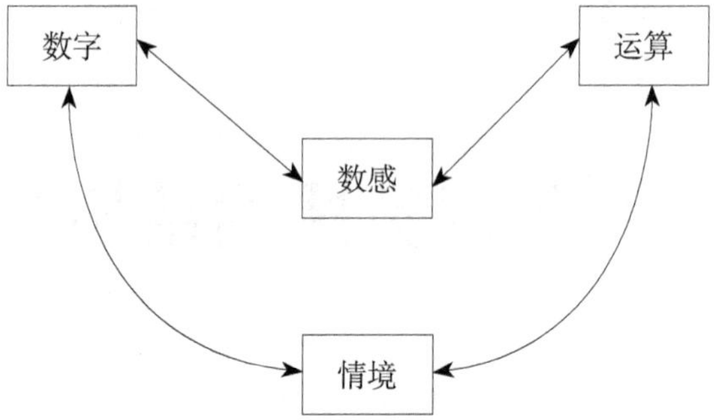

图 2.1　Mcintosh 等提出的数感三成分结构模型

数字的知识包括理解数之间的关系、数的多种表示形式、数的绝对和相对的大小、基准数系统。理解数之间的关系包括位置值、理解和拓展数字规律、数的排序。数的多种表示形式包括数的数字、图形、数轴表示形式及各形式之间的转化、数字的分解与重组、数字与基准数的比较。数的绝对和相对的大小包括比较现实情境中数量的大小、比较数字之间的大小。基准数系统包括利用基准数估计现实情境中的数量、利用基准数进行数字估计。

运算的知识包括理解运算对数字的影响、理解运算性质、理解运算关系。理解运算对数字的影响包括理解运算对整数的影响，理解运算对分数、小数的影响。理解运算性质包括交换律、分配律和结合律。理解运算关系包括加法和乘法之间的关系、乘法和除法之间的关系、加法和减法之间的关系。

应用数字和运算的现实情境包括理解问题情境和所需计算之间的关系、认识解决同一个问题可以有多种不同的策略、利用有效的数表示方式和计算方法、检查题目中已知数据和计算结果的合理性。理解问题情境和所需计算之间的关系包括辨认题目中的已知数据是精确的还是非精确的、判断问题解决的计算结果是精确的还是非精确的。认识解决同一个问题可以有多种不同的策略包括创造新的策略的能力、应用不同策略的能力、选择有效的策略的能力。利用有效的数表示方式和计算方法包括选择不同的计算工具（心算、计算器、笔算）、选择有效的数表示方式。检查题目中已知数据和计算结果的合理性包括检查题目中已知数据的合理性、检查计算过程的合理性。

Jordan（2008）在三成分模型的基础之上，把数估计的成分引入到模型中，提出了数感的五成分模型，他认为数感是由计数知识、数字知识、数字转化、数估计和数字模式构成的。计数知识主要涉及数字的一一对应原则和数字的序结构；数字知识主要涉及数字数量大小的辨别与比较；数字转化主要涉及运用加减改变物体的数量、借助实物操作进行加减运算、加减法的心算；数估计主要涉及运用基准数或参考点对数量大小进行估计；数字模式主要涉及拓展数字模式、识别数之间的关系。

在国内对数感成分的研究中，邵景进等（2009）通过调查分析的方法，发现中小学数学教师数感结构内隐观由数与运算意义的理解、数学运算、非书面计算能力、数的认识与直觉、数符号表征能力、数学认知因素六种基本因素构成。杨德清等（2010）通过对台湾学生的调查发现，数感包括理解数和运算的基本意义、数字大小的比较、数学运算结果合理性的判断和运用基准数（benchmark）进行数量估计四种成分。司继伟（2010）通过对我国大陆小学高年级学生的调查发现，数感包括数量合理性的判断、数字的多种表征形式、数字意义和关系的理解、运算策略的使用、具体情境中数字的应用和数字比较五种基本成分。

（二）数感的测量

Griffin 等（1994）以儿童数感发展的核心概念结构理论为基础，设计了包含 4 个分量表的数感评估量表。该量表主要是测量 4、6、8、10 岁儿童的数感发展状况。分量表主要包含以下内容：① 颜色归类与计数（如 6 根火柴棒，2 根红色的，4 根黄色的，混合排列在一起，分别数一数两种颜色火柴棒的数量，并指出哪一种颜色的数量更多）；② 加减运算；③ 数量比较（如比较 4 块糖和 7 根火柴棒，哪个数量更多）；④ 形状归类与计数（如 5 个同色的三角形和 7 个同色三角形排列在一起，数一数三角形的个数）。

该量表为评估儿童的数感发展水平提供了方便和有效的手段。但是，这套量表是以儿童数概念的发展为核心来编制的，仅考察了儿童计数能力、基数概念和加减运算等基本的数概念和能力的发展，对数感的核心成分——数量估计基本没有涉及，因此，这份量表对儿童数感的考察还不是非常系统和全面。

Malofeeva 等（2004）在 Griffin 等人量表的基础上，对数感的结构成分进行了完善，设计了一份包含 6 个分量表、21 个项目的数感发展评定量表。该量表主要是测量 3—5 岁儿童的数感发展状况。分量表主要包含以下内容:①计数（包括顺序计数、倒序计数）；②认数（包括辨认数字和命名数字）；③建立数字和物体的对应关系；④序数；⑤数量比较；⑥加减运算。Malofeeva 等人使用该量表对 3—5 岁的儿童进行了测试，结果表明儿童的数感水平与儿童对数学学习的自信之间呈显著的正相关关系。在 Malofeeva 等的研究中，被试的数量偏少，而且被试基本是来自低收入家庭的儿童，且年龄段偏小，所以测验没有能反映出年龄差异。

Clements（2007）以儿童数认知发展规律作为理论基础，设计了包含 59 个题目的儿童数感评定量表。该量表主要测量 3—4 岁儿童的数感发展情况。分量表主要包含以下内容：①整数计数（如，数排列成规则形状的积木的数量，数无序排列在一起的积木的数量）；②挑选大数；③数量比较；④顺序计数、倒序计数；⑤等量关系；⑥数字应用题。

Jordan（2008）在综合分析了已有的各种关于数感评定量表的基础上，依据数感概念的本质特征，突出强调了数感结构中的核心成分，设计了一份包含 33 个任务项目的数感发展评定量表。该量表主要是测量 3—6 岁儿童的数感发展状况。量表主要包含以下内容：①计数（包括以整十为单位计数）；②认数（知道一个整数的相邻的两个整数是多少）；③数量比较；④非言语的加减运算；⑤口头文字题（文字题涉及简单的加减运算，题目由主试读给被试，整个过程没有可视化的数字或数量表征）；⑥数字的结合。因为该量表的信度和效度较高，而且内容简洁，施测时容易操作和把握，所以该量表是目前评定幼儿数感发展水平的常用量表之一。

Kroesbergen（2012）首次在数感评定量表中增加了数量估计的内容，他在总结和梳理以往研究者对数感的成分界定的基础上，明确地把数感的评定内容聚焦在计数、数量区分、数字线估计3个方面，设计了一份包括30个任务项目的数感发展评定量表。该量表主要是测量5—6岁儿童的数感发展状况。量表主要包含以下内容：① 基数和序数的使用；② 结构计数（使用计数工具计数）；③ 结果计数（不使用计数工具计数）；④ 数的一般理解，把数字应用到生活情境中；⑤ 数量比较；⑥ 数字线估计（在数轴上标出所给数字的位置）。数量估计是数感的核心成分，但是在以往的幼儿数感评定量表中几乎都没有涉及，Kroesbergen使用数字线估计任务来测量幼儿的数量估计，这就使得所要测量的数感结构更加完整和全面。这也为以后儿童数感评定量表的编制提供了很好的借鉴和参考。

通过以上的分析，可以看出，国外编制的数感评定量表主要是针对3—6岁的幼儿，量表一般包括30个左右的项目，一般包括以下5项主要内容：① 计数；② 认数；③ 数量关系；④ 数量比较；⑤ 数量估计。与国外研究不同的是，我国学者对数感的测量主要是针对11—13岁的小学高年级儿童，主要有以下一些量表：

杨德清（2003）在总结Mcintosh等对数感研究的基础之上，提出了数感结构应该包括5种基本的成分和要素，并设计了包含5个分量表，30个项目的数感评定量表。该量表主要是测量11—13岁的小学高年级儿童的数感发展状况。分量表主要包含以下内容：① 理解数的基本意义，具体包括了进制值、位置值、数字模式和数的多形式标准4个方面的内容；② 数量比较，特别是使用非常规的策略来比较数的相对大小；③ 理解运算对数的相对影响，特别是基本四则运算对运算结果的影响（如乘法运算的结果不一定会比被乘数和乘数大）；④ 能恰当使用基准数来估计数的大小（如1、1/2、10就是在数量比较和估计中常用的基准数）；⑤ 判断计算结果的合理性（如两个不大于50的十位数相加的结果不可能大于100）。该量表是国内开发得比较早的一份数感评定量表，并且在我国台湾地区的小学高年级儿童中建立了常模，为评估中国儿童的数感发展提供了可行和有效的手段。但是，这套量表涉及的数感成分并不全面，特别是没有涉及在实际的问题情境中数的应用，这套量表编制的项目都是没有任何实际背景的，所以很难发现儿童在现实情境中是如何应用数的。另外这份量表是基于台湾地区小学高年级儿童数学认知能力的发展规律和台湾地区小学高年级数学课程而开发的，所以不能把它完全照搬来测量大陆地区的小学高年级儿童的数感发展特征。

林素微（2003）针对杨德清设计的量表中缺少实际背景的问题情境的不足，开发出了计算机化数感动态评价系统，在具有实际背景的问题情境中考察学生数感发展的情况。这种量表采用的是情境填空题的形式，计算机会先给出一组数字，学生根据经验把所给的数字填入相应的空格内，一共包括 10 个情境填空题。该量表主要测量 11—13 岁的小学高年级儿童的数感发展状况。该量表的测试内容主要集中在儿童对现实生活情境中数量的认识、判断和推理，具体涉及台湾地区的地理面积、人口数量、火车速度、地面温度等内容。通过儿童在熟悉的生活情景中的表现，来评价儿童数感的发展情况。但是该量表只注重了问题的情境性，而对数感核心成分，如数量比较、数量估计等都没有涉及，因此这份量表对小学高年级儿童数感发展的考察还不够全面和完善。

许清阳（2006）在杨德清量表和林素微量表的基础上，进行了一定的整合和完善，设计了一份包含 5 个分量表、37 个项目的数感发展评价量表。该量表主要测量 11—13 岁的小学高年级儿童的数感发展状况。分量表主要包含以下内容：① 理解数字的意义和关系，具体包括对正整数、小数和分数等有理数的理解（如知道 3/7 和 4/7 之间有无穷多个分数、840/2 与 840 × 0.5 的意义相同）；② 辨认数字大小，即比较和排序数字的能力；③ 理解运算对数字的意义和影响，即理解运算对不同运算所产生的影响（如知道两位数和两位数相乘的乘积可能是三位数，也可能是四位数）；④ 发展计算策略与判断答案合理性，即能在不同的计算情境中应用不同的解题策略，并能判断所得到的答案是否合理；⑤ 以多重方式表征数字，即能以不同的形式表征数字。该量表具有良好的信效度，在台湾地区广泛地用来评定小学高年级儿童的数感发展情况。

司继伟（2010）在梳理和分析国外和我国台湾学者数感评定量表的基础之上，首次编制了适用于大陆地区儿童的数感评定量表。该量表包括 31 个项目，主要测量 11—13 岁的小学高年级儿童的数感发展状况。该量表主要包含以下内容：① 数字的多种表征形式；② 数量合理性的判断（如知道两位数和两位数相乘的乘积可能是三位数，也可能是四位数）；③ 数字意义和关系的理解；④ 运算策略的使用；⑤ 具体情境中数字的应用和数字比较。该量表与台湾学者许清阳的量表的内容基本一致，基本沿用了其量表的数感成分划分方法，只是把题目所涉及的数学知识限定在大陆小学数学知识范围以内。该量表是大陆地区第一份有关儿童数感评定的量表，并且此量表具有很高的信效度，可以非常有效地评定小学高年级儿童的数感发展状况。

从上面的分析可以看出，由于不同学者对数感的认识角度和侧重点不同，所以对其维度的划分也不相同，有的把数感界定为一种能力，认为数感是一个包含多种能力成分的结构。有的把数感看作是内隐的、非结构性的关于数及其运算等方面的程序性知识，认为数感是一个包含多种成分的知识结构。已有的对数感维度的划分存在两点不足：第一， 现有研究只是从问题解决的视角对数感进行了界定和维度划分，没有涉及数感的心理要素和成分。第二，没有明确说明所划分的数感各维度之间的关系，数感中的各个要素不是简单相加或组合，而应该是相互联系所构成的一个整体的系统结构。对一个系统的研究，不仅要知道这个系统所包含的成分，还要了解所包含的各种成分之间的关系。而现有的研究只是列出了数感包含的各种成分，却没有各种成分之间的关系，这样就很难对数感结构系统有深入和清晰的认识。所以，数感包括哪些维度？这些维度之间的关系是什么样的？这些问题是本研究试图解决的关于数感的基本问题。以数感的维度结构理论作为理论基础，就可以编制测量儿童数感发展的量表。但是，目前数感评定的量表大多是针对幼儿和小学高年级儿童的，而针对小学中低年级儿童编制的量表几乎没有，所以构建儿童数感结构模型并编制信效度良好的测量儿童数感的量表，来完成对小学儿童数感发展的测量和评定也是需要解决的重要问题。

二、数感理论维度的构建

根据对我国中小学数学教师数感结构所做的内隐观研究（邵景进、姚雪、张庆华，2009），发现数感结构存在多维性，是一个多维度的心理结构。Mcintosh 等（1992）最早提出了数感的三成分模型，认为数感是个人对数和运算的一般理解，以及灵活地利用这种对数和运算的理解做出数学判断和形成有效策略来处理现实情境中与数字和运算有关的问题，所以数感是由数及其关系的理解、运算策略的使用、现实情境中数学问题结果的判断三种基本的成分构成的整体。司继伟（2010）通过对内地小学高年级学生的调查发现，数感的成分主要涉及在具体情境中能主动地、自动化地感知和理解数的意义、数的大小、数与数的关系及各种运算策略的使用和数量合理性的判断 5 种基本成分。其实，无论是三成分模型还是五成分模型，都只是强调了数感概念中认知加工的成分，而忽视了数感中所包含的情感体验的成分。Kastner（1989）曾指出数感可以使人有信心来判断答案的合理性。Hope（1989）通过对数感良好的学生调查后发现数感良好的学生对数字和数学持有一种喜爱的态度，并且其对数字的感知和数学的理解也比数感不良者更好。Sowder（1990）则为不同数感水平的学生描绘了一幅剖面图：高数感水平的学生在数学学习和数学问题的解决中怀有强烈的自信心，并且能在数学学习和数学问题解决的过程中获得愉快的情感体验；而低数感水平的学生则对数学学习和数学问题的解决缺乏自信心，同时他们也很少能从数学学习和问题解决等数学活动中获得积极的情感体验。熊丙章和毛君顺（2005）通过对我国小学四年级儿童的调查也发现，数学自信心水平与数感水平具有非常密切的关系，并且明确提出数感中包含着情感体验的成分，并建议应注意发掘和展示数感中蕴含的情感因素。《义务教育数学课程标准（2011 年版）》在设定课程目标时，也明确指出数学思考、问题解决和情感体验不是相互独立和割裂的部分，而是一个密切联系、相互交融的整体结构。同时，我们对国家《义务教育数学课程标准(2011年版)》研制组的核心成员专家进行访谈时，大部分专家也都谈到高数感水平的学生一般能够主动地参与数学活动，对数学学习有一种更加积极的情感体验，同时对数学问题的解决和结果的把握也比较有自信。

通过上述的分析我们可以发现已有的对数感的维度认识和划分还不够完整和全面，只是强调了数感中包含的认知加工成分，而忽视了数感中所包含的情感体验这一重要成分。因此，本研究在对已有数感结构成分理论进行梳理的基础上，结合对小学数学教师和数学教育专家进行访谈的结果，从个体对数字及其运算结果的知觉、判断和体验这一心理内涵角度来构建数感的理论模型。数感的理论模型包括数字及其关系的知觉、运用一定的运算策略、数学问题结果的判断和数的情感体验4个要素。其中数字及其关系的知觉主要指对数字及其关系的感知和觉察。运算策略主要包括基准数、参考点等运算中常用的策略。数学问题结果的判断指在对具体情境中数量关系知觉的基础之上，能对问题结果做出整体判断。数的情感体验是指对自己得出的关于数学问题的结果具有一种坚定的信念和确信感。

三、儿童数感结构的研究方法

本研究的主要目的是编制与我国教育文化背景相符合的具有较高信效度指标的儿童数感评定量表，为儿童数感的评定提供有效的测量工具，并探索儿童数感的心理结构。

（一）研究对象

被试的抽取采用整群随机抽样的方法进行，发放问卷共计1500份，回收问卷1429份，回收率为95.27%；剔除重要个人信息缺失的问卷22份，得到有效问卷1407份，有效率为98.46%。被试主要是来自普通小学的学生，根据研究需要，对1407份有效问卷进行编号，并按照单双号随机分成两组，其中一组被试为703名，用于进行探索性因素分析；另一组被试为704名，用于进行验证性因素，被试总体分布情况如表 2.1 所示：

表 2.1 正式被试分布情况一览表

年级	性别		年龄范围	平均年龄	标准差	总计
	男	女				
3	139	178	8—9 岁	8.56 岁	0.45	317
4	167	156	9—10 岁	9.48 岁	0.38	323
5	193	182	10—12 岁	10.73 岁	0.41	375
6	187	205	11—13 岁	11.62 岁	0.35	392

（二）研究材料

根据本研究对数感的概念界定，以构建的数感理论维度为量表的内容框架，从数字及其关系的知觉、运用一定的运算策略、数学问题结果的判断和数的情感体验四个维度进行数感量表的编制。量表的内容框架确定后，结合前期访谈调查等研究的结果，并参照国内外相关的数感评定量表，编制初始题项 46 个，采用 Likert 5 点法计分，从“完全不符合”到“完全符合”，依次记为 1 ～ 5 分。测验题目编制完成后，为保证量表中题目的代表性和针对性，首先请小学数学教育专家对量表内容和题目进行审阅，对部分题项的内容描述进行了修改。然后，为保证量表中题目的可读性，使题目的表述易于小学生理解和接受，避免产生歧义，请教龄在 5 年以上的一线小学数学教师及教研员对问卷中的题目进行审读，修改内容表述不清的题目 8 个。

（三）研究程序

量表的测试分为两个阶段，第一阶段为小范围的施测，目的是了解被试对各题目的理解情况，并且修改学生不容易理解的问题，形成最后的预测问卷。第二阶段为集体施测，收集项目分析、探索性因素分析和验证性因素分析所需要的各种数据。

（1）第一阶段：为了保证量表中测验题目的适切性，对初编问卷进行小范围的预试，删去部分题目意思不明确、儿童理解有歧义的题目，最后形成一份包含 42 个题目的初始量表。

（2）第二阶段：集体施测。对 3—6 年级小学生被试进行由专门人员指导的集体施测。测试均以班级为单位进行，每班由一名经过培训的硕士研究生和本班的数学任课教师担任主试。间隔 4 周后，随机抽取了其中 167 名有效被试进行重复测验。

（四）统计分析方法

儿童数感结构的研究采用 SPSS 20.0 和 AMOS 21.0 等专业统计软件对所得数据进行相关性分析、探索性因素分析、验证性因素分析等数据分析和处理。

四、儿童数感结构的研究结果

（一）项目分析的结果

项目分析是对儿童数感评定量表的试题质量进行分析，为进一步修改、完善试题提供依据，只有试题质量符合规定要求，才能对测量结果做出正确的评价。项目分析的过程中要对儿童数感评定量表中的每一个题目进行分析，对其优劣做出评价，删除不符合要求的题目。本研究的项目分析主要包括题总相关系数分析和临界比检验两个方面。

首先，使用题总相关系数分析的方法对儿童数感评定量表中的各个项目进行分析，题总相关系数分析的方法就是要计算各个项目得分和测验总分的相关性系数（r），并对所得的相关性系数进行显著性检验。题总相关系数越高，表示该项目与其他项目之间的相关性越高。同时，用单一的项目作为因变量，所有其他项目作为自变量，建立多元回归方程。通过其他项目上的得分来拟合和预测在该项目上的得分，计算回归方程的多重相关系数的平方（R^2），即多重判定系数，并对其进行显著性检验。多重相关系数的平方是多元线性回归中回归平方和占总平方和的比例，它度量了多元回归方程的拟合优度，R^2 越大表明该项目与其他项目之间的关系越密切。在项目分析中，删除 R^2 小于0.4的项目和 r 小于0.3的项目。经项目分析后，量表保留题目的分析结果如表2.2所示：

表2.2　儿童数感评定量表预测试题项目相关分析表

题号	r	R^2	题号	r	R^2
ns2	0.586	0.469	ns27	0.744	0.702
ns6	0.656	0.515	ns36	0.738	0.615
ns9	0.643	0.593	ns29	0.593	0.462
ns23	0.701	0.585	ns12	0.618	0.636
ns28	0.696	0.611	ns21	0.705	0.523
ns33	0.713	0.569	ns18	0.492	0.607
ns37	0.682	0.615	ns30	0.651	0.495
ns41	0.691	0.594	ns4	0.487	0.641
ns3	0.663	0.577	ns39	0.519	0.519
ns11	0.518	0.536	ns15	0.586	0.631
ns19	0.571	0.494	ns24	0.741	0.573
ns25	0.638	0.605	ns8	0.672	0.635
ns34	0.495	0.581	ns31	0.641	0.481
ns40	0.526	0.624	ns13	0.507	0.562
ns16	0.625	0.562	ns42	0.482	0.447
ns7	0.551	0.617	ns1	0.703	0.641
ns20	0.462	0.461	ns32	0.574	0.475
ns14	0.714	0.623	ns26	0.684	0.508

然后，采用临界比检验的方法对儿童数感评定量表中的各个项目进行分析。临界比检验的方法就是要计算量表中每个项目的决断值（critical value，CR）。在进行项目分析时，先将被试的测验总分从高到低进行排序，并区分出高分组（测验总得分在前27%的被试）和低分组（测验总得分在后27%的被试）。然后检验高分组和低分组两组被试在量表各个项目上平均得分的差异显著性。通过对儿童数感评定量表中各项目的检验和分析，发现各题目的决断值均达到显著性水平，即高分组被试的平均得分显著高于低分组被试的平均得分（$p<0.001$），表明量表各项目可以对被试儿童的数感水平进行有效的鉴别。

（二）探索性因素分析的结果

对经项目分析后保留的题目进行探索性因素分析（exploratory factor analysis，EFA），确定儿童数感的结构。

1. 因素分析的适合度检验

对变量的相关系数矩阵进行检验，考察所有题项是否适合做因素分析。本研究主要采用 Bartlett 球形检验和 KMO 取样适合度检验两种检验方法对数据进行检验。经计算，KMO 统计量的值为 0.895，说明变量之间存在着很强的偏相关性，两两变量间的关系受其他变量的影响显著，因此存在公共因子的可能性很大，适合做因素分析。统计量的值为 2632.41，且对应的值小于 0.01，Bartlett 球形检验显著，所以应拒绝相关系数矩阵为单位阵的原假设，即相关系数矩阵不是单位阵，各变量间存在显著的相关关系，适合做因素分析。

2. 因子提取与因子数的确定

因子提取（extraction）是从原始变量中提取出少数几个公共因子，使得少数几个公共因子能够代表原始变量中的绝大部分信息，并能在相当程度上对原始变量的数据变异做出解释，这样就达到了减少因子个数和降低变量维数的目的。本研究采用主成分法来进行公因子的提取。并参考以下标准来确定因子的数目：

（1）特征根（eigenvalues）

特征根就是主轴长度或方差，表示引入该因子后可以解释的原始变量的信息，反映了该因子对原始变量的影响程度和解释力。特征根越大，表明该因子对原始变量的解释力和影响程度就越大。特征根越小，表明该因子对原始变量的解释力和影响程度就越小。一般情况下，当特征根的值小于 1 时，说明该因子能解释的变异信息比一个经过标准化后的原始变量含有的信息还要少，该因子的解释力度还没有直接采用原始变量的解释力度大，所以就不能借助这样的因子达到降低变量维数的目的，这样的因子也就不再被选作公共因子了。因此，选择作为公共因子的特征根的值应该大于 1。

（2）累计方差贡献率（cumulative variance contribution rate）

方差贡献率就是某个因子的特征根占特征根总和的比例系数，反映了单个公共因子引起的变异占所有变量变异的比例，表明了公共因子对原始变量的影响程度和解释力。累计方差贡献率就是所有公共因子引起的变异占所有变量变异的比例，表明了所有公共因子对原始变量的影响程度。一般建议或要求公共因子的累计方差贡献率应大于 80%，但在实际应用中，根据所研究问题的性质和测量工具的成熟水平，也可以将标准设定在 40% ～ 60% 这一水平（邓铸、朱晓红，2009）。

（3）碎石图（scree plot）

碎石图可以反映各因子特征根的变化趋势，特征根最大的因子位于坐标轴的最左端，其对应的点也最高，后续因子的特征根则迅速减小，其对应的曲线也迅速下降，曲线下降到某一因子处后开始变得平缓，说明对应的各个因子的方差贡献率比较接近，不能达到降低变量维数的目的，所以一般不再将其选作公共因子。一般情况下，以碎石曲线从迅速下降到突然变平缓的那个拐点所对应的因子数来确定因子提取的个数。

经过因素分析，得到特征根大于 1 的因子共 6 个，6 个因子的方差贡献率和累计方差贡献率如表 2.3 所示：

表 2.3　各公共因子所解释的原始变量方差

成分	特征根	方差贡献率（%）	累计方差贡献率（%）
1	3.562	16.108	16.108
2	1.986	14.863	30.971
3	1.498	11.637	42.608
4	1.408	8.465	51.073
5	1.175	5.021	56.094
6	1.054	4.373	60.467

从上表可以看出，6 个公共因子的累计方差贡献率为 60.467%。再进一步结合碎石检验的结果来分析如图 2.2 所示。

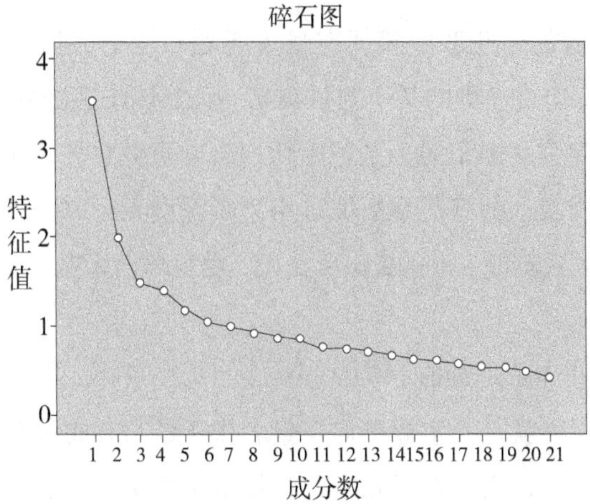

图 2.2　公共因子特征根变化趋势的碎石图

从图中可以看出，前面 4 个公共因子特征根的值差异较大且变化非常明显，从第 5 个公共因子开始，曲线的变化趋于平缓，特征根的值的差异也逐渐减小，表明第 5 个公共因子以后的各主成分的方差贡献率都变得很小，可以忽略不计。根据碎石图检验准则，碎石曲线开始变平缓的前一个点所对应的因子数是因子提取的数目，因此，确定提取 4 个公共因子是比较合理的。

3. 因子的命名与解释

因为通过因子提取所得的 4 个公共因子的具体含义比较模糊，所以为了使 4 个公共因子的含义更加明确和清晰，采用方差最大变异法（Varimax）对初始的因子载荷矩阵进行正交旋转，使各因子的方差达到最大，从而方便对因子的命名与解释。

（1）项目筛选

为了确定正式问卷中的题目和建立最终的数感结构模型，我们按照项目筛选标准对探索性因素分析中不符合要求的题目进行删除，项目筛选的标准如下：

①载荷（loading）

题目的载荷就是儿童数感评定量表各题目与公共因子之间的相关系数。儿童数感评定量表中的某个题目在某一公共因子上的载荷系数值越大，表明该题目与此公共因子的关系越密切；若儿童数感评定量表中的某个题目在某一公共因素上的载荷系数值过小，则说明某公共因子所代表的心理特质无法由该题目推断。根据 Kaiser 法则，题目载荷系数小于 0.3（$a < 0.3$）的项目应被删除。

② 共同度（communality）

题目的共同度就是儿童数感评定量表中各题目在每一个公共因子上载荷系数值的平方和，它反映了儿童数感评定量表中各个题目对每一个公共因子的贡献程度。量表中题目的共同度越大，表明公共因子对题目提取的原始信息也就越多，儿童数感评定量表因子分析的最后效果也就越好。根据 Kaiser 法则，题目共同度小于 0.4（$h^2 < 0.4$）的项目应被删除。

③ 变量独立原则

在因素分析的过程中，有些题目在两个或两个以上的公共因素上的载荷系数比较接近，所以为了保持各个变量之间的独立性，对在多个公共因子上载荷系数接近的题目予以删除。

根据以上标准，删除因子载荷小于 0.3 的题目 6 个，删除共同度小于 0.4 的题目 6 个，删除在多个公共因子上载荷系数接近的题目 5 个，共计删除题目 15 个，最后保留 21 个题目组成正式的儿童数感评定量表。正式量表中各题目旋转后的因子载荷和共同度如表 2.4 所示：

表 2.4　儿童数感评定量表探索性因素分析表

题号	成分				共同度
	因子 1	因子 2	因子 3	因子 4	
ns21	0.78				0.66
ns13	0.73				0.69
ns6	0.67				0.52
ns19	0.61				0.71
ns37	0.58				0.63
ns4	0.53				0.47
ns41		0.74			0.65

续表

题号	成分				共同度
	因子 1	因子 2	因子 3	因子 4	
ns34		0.72			0.55
ns9		0.63			0.58
ns28		0.57			0.63
ns15		0.52			0.60
ns8			0.76		0.56
ns23			0.71		0.42
ns39			0.65		0.73
ns27			0.62		0.46
ns32			0.59		0.56
ns11			0.55		0.64
ns29				0.68	0.59
ns33				0.62	0.67
ns16				0.59	0.49
ns25				0.57	0.62

（2）因子命名

确定了正式量表包含的题目后，需要对题目所对应的各因子进行命名和解释，以确定数感结构模型中因子的构成。在对各因子进行命名和解释时，采用定性和定量相结合的方法，因子命名时一方面要考察公共因子中的题目主要来自儿童数感评定量表中的哪个维度，如果来自某一个维度的题目数量多，就可以以这个理论构想的维度名来对此因子命名；另一方面也要考察公共因子中载荷系数值较高的题目，分析这些题目所隐含的意义，并以此对该因子命名。通过对各因子中题目的分析，对其进行如下命名和解释：

第 1 个因子共包括 6 个题目，在因子 1 上载荷值最高的各题项内容主要涉及对数及其关系的感知和觉察，以模型的理论构想为依据，参考题目的因子载荷，把因子 1 命名为“数及其关系的知觉”，以下记为“FAC1”。

第 2 个因子共包括 5 个题目，在因子 2 上载荷值最高的各题项内容主要涉及参考点和基准数等运算和估计策略的使用，以模型的理论构想为依据，参考题目的因子载荷，把因子 2 命名为“运算与估计的策略”，以下记为“FAC2”。

第 3 个因子共包括 6 个题目，在因子 3 上载荷值最高的各题项内容主要涉及对数学问题结果的判断，以模型的理论构想为依据，参考题目的因子载荷，把因子 3 命名为“数学问题结果的判断”，以下记为“FAC3”。

第 4 个因子共包括 4 个题目，在因子 4 上载荷值最高的各题项内容主要涉及有信心判断答案的合理性，并对自己的判断结果具有一定的确定感等对数的情感体验。以模型的理论构想为依据，参考题目的因子载荷，把因子 4 命名为“数的情感体验”，以下记为“FAC4”。

（三）验证性因素分析的结果

通过探索性因素分析得到的数感结构模型是否有效和可靠，必须通过验证性因素分析（CFA）的方法进行检验。本研究采用结构方程模型（SEM）的方法对所得到的模型进行验证性因素分析，来检验所构建的理论模型与实际数据之间的拟合程度。评价模型的适合性时，主要根据以下标准来选取拟合指数，对模型进行综合评价：

（1）拟合指数应与样本容量 N 无关，即拟合指数不应受样本容量的系统影响。

（2）拟合指数应惩罚复杂的模型，即拟合指数要根据模型参数的数量做出反应，惩罚参数多的模型。

（3） 拟合指数应对误设模型敏感，即如果所拟合的模型不真，拟合指数应能反映拟合效果不好。

根据以上选取标准，本研究选取均方根残差（RMSEA）、非标准化拟合指数（NNFI）和比较拟合指数（CFI）对数感结构模型进行检验和评价，得到模型的拟合指数如表 2.5 所示：

表 2.5　数感结构模型拟合指数表

模型	χ^2	df	χ^2/df	*RMSEA*	*NNFI*	*CFI*
当前模型	1304.788	548	2.381	0.045	0.902	0.916

首先，对模型的绝对拟合指数进行分析，从表中可以看出，数感结构模型 χ^2/df 的值为 2.381，*RMSEA* 的值为 0.045，表明数感结构模型与样本

数据的拟合程度较高，模型的适配度较好。其次，对模型的相对拟合指数进行分析，数感结构模型 *NNFI* 的值为 0.902，*CFI* 的值为 0.916，两者的值都大于 0.9，表明理论模型相对于独立模型有了很大程度的改善，理论模型比独立模型更好地拟合了实际数据。最后，把绝对拟合指数和相对指数相结合进行综合分析和评价，数感结构模型的各个指标均达到了可以接受的水平，表明模型的拟合度较好，所构建的理论模型可以被接受。这就验证了通过探索性因素分析得到的数感结构方程模型是合理的。

（四）儿童数感量表的信度分析

信度是评价测量工具稳定性和可靠性的关键指标之一。信度分析就是对测量工具是否具有一定的稳定性和可靠性的估计和评价。信度分析的方法有很多，本研究采用重测信度、分半信度和内部一致性信度三种信度估计方法对儿童数感评定量表的信度进行分析。

1. 重测信度

重测信度是指使用同一量表对同一组被试进行前后两次测试，两次测试结果之间的一致性程度，反映了测验结果的稳定性程度。一般用同一组被试在两次测试上所得分数的相关系数作为度量重测信度大小的指标。本研究从被试中随机抽取了其中 167 名有效被试在间隔 4 周后进行了重复测验。两次测验结果的相关系数如表 2.6 所示：

表 2.6　儿童数感评定量表重测信度值

	因子				
	FAC1	FAC2	FAC3	FAC4	量表总分
题目数量	6	5	6	4	21
相关系数	0.924	0.887	0.915	0.876	0.932

从表中可以看出，儿童数感评定量表各因子的重测信度系数在 0.876 ～ 0.924 之间，其中数及其关系的知觉和数学问题结果判断两个因子的重测信度系数大于 0.9，表明其稳定性程度相当高，其他两个因子的重测信度系数大于 0.8，说明其稳定性很好。整个量表的重测信度系数为 0.932，表

明本测验比较稳定可靠，测验结果在跨越一段时间后仍然具有一定的稳定性。

2. 分半信度

首先，对量表中的所有题目进行编号，使用奇偶题对半的方法将儿童数感评定量表分为两个半量表；其次，计算并比较两个半量表的变异数，统计分析表明两个半量表的变异数没有显著差异，整个量表的分半信度值如表 2.7 所示：

表 2.7 儿童数感评定量表分半信度值

	因子				
	FAC1	FAC2	FAC3	FAC4	量表总分
题目数量	6	5	6	4	21
相关系数	0.912	0.908	0.887	0.895	0.913

从表中可以看出，儿童数感评定量表各因子的分半信度系数在 0.887 ~ 0.912 之间，其中数及其关系的知觉和运算与估计策略两个因子的分半信度系数大于 0.9，其他两个因子的分半信度系数大于 0.8，整个量表的分半信度系数为 0.913，表明儿童数感评定量表的分半信度较好。

3. 内部一致性信度

内部一致性信度是指一个测验内部所有题目间的一致性程度，又称为同质性信度。当一个测验具有较高的内部一致性信度时，表明该测验的所有题目主要测的都是同一种心理特质，所得到的测验结果反映了该心理特质的水平。计算内部一致性信度的方法很多，本研究采用 Cronbach 系数来度量儿童数感评定量表内部一致性信度的大小。首先，求出被试测验总分的方差；然后，再分别求出被试在每道题目上得分的方差；最后，再按照 Cronbach 系数的计算公式，求出系数的值。Cronbach 系数的值如表 2.8 所示：

表 2.8 儿童数感评定量表内部一致性信度值

	因子				
	FAC1	FAC2	FAC3	FAC4	量表总分
题目数量	6	5	6	4	21
相关系数	0.853	0.905	0.847	0.862	0.916

从表中可以看出，儿童数感评定量表各因子的 Cronbach 系数在 0.847 ～ 0.905 之间，其中运算与估计策略因子的 Cronbach 系数大于 0.9，表明其内部一致性程度相当高，其他 3 个因子的 Cronbach 系数大于 0.8，说明其内部一致性较高。整个量表的 Cronbach 系数为 0.916，表明儿童数感评定量表内部所有题目之间的一致性程度很高，所得到的测验结果可以反映儿童数感的水平。

综合以上 3 种信度指标的分析结果，可以看出儿童数感评定量表各维度及总分的各项信度系数均达到了可接受的水平，表明量表内部各题目之间的一致性程度较高，所得到的测量结果稳定可靠。

（五）儿童数感评定量表的效度分析

效度是指使用测量工具实际测量所得的结果与研究者所要测量的心理特质之间的一致性程度，是反映测量工具有效性的关键指标之一。效度分析就是对测量工具是否具有一定的有效性的估计和评价。本研究采用结构效度、内容效度和效标效度 3 种效度估计方法对儿童数感评定量表的效度进行分析。

1. 内容效度

估计儿童数感评定量表的内容效度就是要考察本量表的题目在多大程度上代表了所要测量的内容领域。确定内容效度的方法很多，本研究采用逻辑分析法和重测法两种方法来对儿童数感评定量表的内容效度进行估计。

（1）逻辑分析法

首先，明确儿童数感评定量表所要测量的内容范围，编制描述所要测量内容范围的细目表；其次，确定儿童数感评定量表中每个题目所要测量的内容，并与编制的双向细目表逐题对照分析；再次，编制儿童数感评定量表项目内容评定表，考察量表中的测验题目是否覆盖了所要测量的内容范围；最后，请数学教育领域的 9 位专家填写项目内容评定表，对儿童数感评定量表中每个题目所测内容与所要测量的目标内容之间的一致性程度作出客观评定。

经过专家评定，儿童数感评定量表中的题目在内容范围方面均达到了可接受的水平。儿童数感评定量表中的每一个题目所测内容与所要测量的目标内容之间的匹配程度都较高，表明测验题目与所要测量的内容范围相一致，表明儿童数感评定量表具有较好的内容效度。

（2）重测法

本研究使用重测法估计儿童数感评定量表的内容效度，就是在被试接受数感干预教学的前后分别进行两次测验，通过前后两次测验成绩的比较来确定测验的内容效度。如果被试在数感教学干预后的测验成绩显著地高于其在数感教学干预前的测验成绩，则说明儿童数感评定量表所测得的内容正是被试经过干预训练后习得的内容，进而可以证明儿童数感评定量表具有较高的内容效度。本书在儿童数感培养的教学干预实验研究中设计了培养儿童数感的训练课程，首先，在被试接受数感干预训练之前，使用儿童数感评定量表先对被试进行一次测验；然后，在被试结束数感干预训练之后，再进行一次同样的测验。对被试儿童前后两次测验的成绩进行分析，发现被试在数感教学干预后的测验成绩显著地高于在数感教学干预前的测验成绩，表明儿童数感评定量表所测得的内容正是被试经过数感干预训练后所提高的数感水平，进而证明儿童数感评定量表具有较高的内容效度。

2. 结构效度

估计儿童数感评定量表的结构效度就是要考察本量表的测验内容能够在多大程度上说明所要测量的理论结构或心理特质。当一个测验具有较高的结构效度时，表明实际测量的结果可以证实相应的理论假设，实际测量与理论假设之间具有一致性。确定结构效度的方法很多，本研究采用相关矩阵法和验证性因素分析法来对儿童数感评定量表的结构效度进行估计。

（1）相关矩阵法

使用相关矩阵法估计结构效度，就是要考察儿童数感评定量表内部各维度之间以及量表各维度与量表总分之间的相关性程度，如果量表内部各维度之间的相关性程度相对较低，而量表各维度与量表总分之间的相关性程度相对较高，则说明该量表的结构效度相对较高。首先，计算儿童数感评定量表内部各维度之间的相关系数；其次，计算量表各维度与量表总分之间的相关系数；最后，根据以上相关系数的计算结果，就可以得到量表内部各维度之间以及量表各维度与量表总分之间的相关系数矩阵。儿童数感评定量表各维度之间以及各维度与量表总分之间的相关系数矩阵如表2.9所示：

表2.9　各维度之间以及各维度与量表总分之间的相关矩阵

	FAC1	FAC2	FAC3	FAC4
FAC1				
FAC2	0.425**			
FAC3	0.263**	0.407***		
FAC4	0.198***	0.281**	0.369**	
量表总分	0.687**	0.763**	0.742***	0.671**

注：*$p<0.05$，** $p<0.01$，*** $p<0.001$，以下同。

根据美国心理测量学家Tuker提出的标准，当量表各维度之间的相关在0.1～0.6之间，量表各维度与量表总分之间的相关在0.3～0.8之间时，表明量表的效度是比较令人满意的，量表具有良好的结构。从表中可以看出，本量表各维度之间相关在0.198～0.425之间，并且各相关性系数在0.01水平上都达到了统计显著性，表明量表各维度之间具有一定的独立性，不是同一个维度的不同表现形式；本量表各维度与量表总分之间的相关在0.671～0.763之间，同样各相关性系数在0.01水平上都达到了统计显著性，表明量表总分在一定程度上反映了所要测量的理论结构。综合以上的分析，相关矩阵中的各相关系数符合Tuker提出的测量学标准，说明本量表具有较高的结构效度。

（2）验证性因素分析法

采用验证性因素分析的方法估计儿童数感评定量表结构效度，就是考察儿童数感评定量表的实际测量数据与其理论模型之间的匹配程度，本研究采用 SEM 的方法对通过探索性因素分析得到的数感结构模型进行了验证性因素分析，检验实际测量数据与理论模型之间的拟合程度。模型的拟合程度主要是通过各项拟合指数来反映的，如果模型的各项拟合指数都较好，则说明该量表具有较高的结构效度。本研究选取了 χ^2/df、RMSEA、NNFI（TLI）、CFI 这四个拟合指数来对模型进行综合评价。通过对模型的各项拟合指数的计算和分析，数感结构模型的各个指标均达到了可以接受的水平，表明数感的理论模型与实际测量数据之间的匹配和一致性程度较高，进而证明儿童数感评定量表具有较高的结构效度。

3. 效标效度

效标效度是指一个测验的测验分数与作为外在检验标准的效标之间的相关联程度。在效标效度中，效标是衡量一个测验有效性的外在参照标准，它是体现测验目的，独立于测验之外并可以直接从实践中获得的一种行为变量。常用的效标主要有学业成就、行为等级评定、实际工作表现、已有的有效测验等。估计儿童数感评定量表的效标效度就是要考察该量表的测查分数与测量效标之间的相关性。当一个量表具有较高的效标效度时，表明量表可以对处于特定情境中的个体行为进行有效的估计。确定效标效度的方法很多，本研究选用儿童数感测验（NST）作为效标，采用相关分析法来对本量表的效标效度进行估计。

（1）效标量表信效度指标的介绍

儿童数感测验（NST）是从数学问题解决的视角编制的一套可以有效测量儿童数感发展水平的测验。该测验主要包括数字及其关系的知觉、运算结果合理性的评价、运算与估计策略的运用和对具体情境中数学问题结果的判断四个维度。其中数字及其关系的知觉主要指对数字及关系的感知和觉察。运算结果合理性的评价指通过对已有的几个运算结果的比较，给出最有可能的运算结果。运算与估计的策略主要包括基准数、参考点等数字运算和估计中常用的策略。数学问题结果的判断指在对具体情境中数量关系知觉的基础之上，能对问题结果做出整体判断。该测验共 22 个题项，题目类型均为选择题，计分方法为 0 ～ 1 二元计分，每题答对得 1 分，答错得 0 分。该量表四个维度的 Cronbach 系数在 0.84 ～ 0.91 之间，说明其内部一致性很好。整个量表的 Cronbach 系数为 0.92，分半信度为 0.93，表明量表内部各题目之间的一致性程度较高，所得到的测量结果稳定可靠。

在测验效度方面，采用结构效度、内容效度和效标效度三种效度估计方法对儿童数感测验（NST）的效度进行分析。首先，使用逻辑分析法对儿童数感测验的内容效度进行估计。请数学教育领域的专家对量表的题目进行分析，经专家评定，儿童数感测验中各题目所测内容与所要测量的目标内容之间的匹配程度较高，测验题目恰当地代表了所要测量的内容领域，儿童数感测验的内容效度达到了可接受的水平。其次，使用相关矩阵法估计儿童数感测验的结构效度，测验各维度之间以及各维度与测验总分之间的相关系数在 0.01 水平上都达到了统计显著性，表明儿童数感测验各维度之间具有一定的独立性，儿童数感测验在一定程度上反映了所要测量的理论结构，说明儿童数感测验具有较高的结构效度。最后，采用相关分析法对儿童数感测验的效标效度进行估计，所选用的效标主要有 Yang 编制的多因素数感量表（Multi-Factor Number Sense Scale，MNSS）和司继伟编制的数感水平量表（Levels of Number Sense Scale，LNSS），测验与各效标之间的相关系数在 0.01 水平上都达到了统计显著性，表明测验与作为效标的各量表之间的相关联程度较高，说明儿童数感测验具有较高的效标效度。以上的分析结果表明，儿童数感测验具有良好的信效度指标，符合心理测量学标准，可以作为评定儿童数感的有效测量工具（霍雨佳、郭成，2015）。

（2）效标量表与本量表的比较分析

虽然儿童数感测验（NST）具有良好的信效度，可以用来作为评定儿童数感的有效测量工具，但是这种从数学问题解决的视角编制的儿童数感测验（NST）还是存在一定的不足和局限。一方面，儿童数感测验是使用数学测验题目的方式来对儿童的数感进行测量和评价，但是数学测验题只能反映出儿童数感中的能力成分，而不能反映数感中所包含的情感体验的成分。根据对我国中小学数学教师数感结构所做的内隐观研究（邵景进、姚雪、张庆华，2009），数感结构存在多维性，是一个多维度的心理结构。数感既包括在具体情境中能主动地、自动化地感知和理解数的意义和数与数的关系、数字大小比较、数字的多重方式表征、基准数（benchmark）和参考点（reference points）等各种运算和估计策略的使用，数量合理性的判断以及在具体情境中应用数字等能力成分（Mcintosh，1992；Yang，2003；司继伟、孙燕、李艳霞，2010），同时也包括情感体验的成分，数感可以使人有信心来判断答案的合理性，不同数感水平的儿童对数的情感体验是不相同的，高数感水平的学生在数学学习和数学问题的解决中怀有强烈的自信心，并且能在数学学习和数学问题解决的过程中获得愉快的情感体验，而低数感水平的学生则对数学学习和数学问题的解决缺乏自信心，同时他们也很少能从数学学习和数学问题解决等活动中获得积极的情感体验（Kastner，1989；Sowder，1990；熊丙章、毛君顺，2005）。所以，儿童数感测验（NST）并不能全面地反映儿童数感的发展水平，对儿童数感发展水平的测量和评定应该对数感中所包含的情感体验成分有所反映。正因为儿童数感测验（NST）并不能反映儿童对数的情感体验成分，而数感中所包含的这种情感体验成分又是非常重要的一种成分，所以我们才编制了儿童数感评定量表（NSC），用心理量表的方式对儿童数感中所包含的情感体验加以测量和评定。

同时，儿童数感测验（NST）的成绩易受数学知识水平的影响，儿童数感测验的内容只涉及整数，而高年级儿童对整数比较熟悉，低年级儿童由于刚刚开始学习数字，对整数还比较陌生，所以高年级儿童在数感测验上的得分必然显著高于低年级儿童在数感测验上的得分。由于儿童数感测验（NST）的成绩受数学知识水平的影响较大，所以无法真实地反映儿童的数感发展水平，使用儿童数感测验来对儿童数感发展特点进行研究就会有非常大的局限性。正因为这个原因，现有的一些数感评定测验主要都是针对小学高年级的儿童编制的，其应用也主要用于对小学高年级儿童数感水平的测定，目前基本还没有使用数感测验方式针对儿童数感发展特点进行的研究。正因为儿童数感测验（NST）的测验成绩易受知识水平的影响，不适合用以研究儿童数感发展特点，所以我们才从个体对数字及其结果的知觉、判断和体验这一心理内涵角度对数感进行界定，编制了儿童数感评定量表（NSC），使用心理量表的方式对不同年龄儿童数感的发展水平进行测量和评定。数感是一个包括数字知觉、结果判断和情感体验的一个整体的心理结构，是对数及其结果整体把握的心理状态。心理量表不仅可以反映数感的心理结构，而且心理量表这种测评方式不会受到儿童数学知识水平的影响，因而可以用来对儿童数感的发展特点进行研究。

（3）效标效度的检验

效标确定之后，就可以考察儿童数感评定量表与效标之间的相关程度。经过计算和统计分析，儿童数感评定量表总分与儿童数感测验之间的相关系数是 0.473，并且相关性系数在 0.01 水平上达到了统计显著性，表明儿童数感评定量表与作为效标的儿童数感测验之间是相关联的。可见，儿童数感评定量表具有较高的效标效度。

综合以上三种效度指标的分析结果，可以看出儿童数感评定量表具有较高的效度，表明量表测量所得的结果与研究所要测量的心理特质之间具有较高的一致性程度，所得到的测量结果是有效的。

五、儿童数感的结构模型

通过探索性因素分析的方法，本研究得出儿童数感结构包含数及其关系的知觉、运算与估计的策略、数学问题结果的判断和数的情感体验四个因子，并且使用验证性因素分析的方法对探索性因素分析得到的数感四因素结构进行了检验。通过对数感四因素结构的参数进行估计，各项拟合指标都达到了可接受的水平，表明建构的儿童数感结构与实际数据之间的匹配度和一致性程度较高，进而验证了通过探索性因素分析得到的儿童数感结构的因素构成是合理的，即数感是由数及其关系的知觉、运算与估计的策略、数学问题结果的判断和数的情感体验四个因素所构成的系统，其中，数字及其关系的知觉主要指对数字及关系的感知和觉察。运算与估计的策略主要包括基准数、参考点等运算和估计中常用的策略。数学问题结果的判断指在对数量关系知觉的基础之上，能对问题结果做出整体判断。数的情感体验是指有信心判断答案的合理性，并对自己得出的关于数学问题的结果具有一种坚定的信念和确信感。经过探索性因素分析所得到的数感四因素结构与儿童数感结构的理论建构是基本一致的。

数感四因素结构也与前人的许多研究结果是相一致的。例如，Mcintosh（1992）认为数感是由数字的知识、运算的知识、应用数字和运算的现实情境三种基本成分所构成的整体，其中，数字的知识包括理解数之间的关系、数的多种表示形式、数的绝对和相对的大小等内容；运算的知识包括数字拆分和组合等运算策略的使用以及理解运算对数字的影响等方面的内容；应用数字和运算的现实情境主要包括对具体情境中数量关系理解的基础之上，能对现实数学问题的结果做出判断和解答。Reys 等人（1999）指出数感除涉及个体的认知加工过程以外，还应该包含情感体验的成分，数感水平较高的个体在对数的感知和认知加工过程中可以产生积极的情感体验，使个体对自己得出的数学判断结果的合理性有一种确信感和坚定的信念。Jordan（2008）提出数感是由计数知识、数字知识、数字转化、数估计和数的模式五种成分所构成的。数估计包括逼近或估计数量的大小、运用参考点等估计策略进行估计等内容。Yang（2010）认为数感结构包括理解数的基本意义、数量比较、理解运算对数的相对影响、恰当地使用基准数等估计策略、判断计算结果的合理性五种基本的成分。可以看出，本研究得到的儿童数感结构中的四种因素基本上涵盖了前人提出的数感结构中所包含的各种成分和要素，所以本研究所证实的数感四因素结构也得到了已有研究成果的部分支持。

根据已有儿童数感的相关理论观点，在文献分析和访谈调查的基础之上提出了儿童数感的理论模型假设，编制了儿童数感评定量表。然后通过对测试数据资料的探索性因素分析，初步建立了与构想基本一致的，即包含数及其关系的知觉、运算与估计的策略、数学问题结果的判断和数的情感体验四个独立因子的儿童数感结构。使用验证性因素分析的方法，对结构模型的参数进行估计，各项拟合指标都达到了可接受的水平，表明建构的儿童数感结构模型与实际数据之间的匹配和一致性程度较高，进而验证了儿童数感结构模型是合理的。

本研究得到的数感结构模型也得到了已有研究成果的部分支持。例如，Reys（1994）就明确指出对数的觉察和理解是数感的基本要素，对数学问题做出合理的判断是建立在对数和运算准确理解的基础之上的。Jordon（2007）指出灵活使用估计策略是数感的基本成分，数量估计策略的灵活使用可以有效解决实际生活当中的数量问题。数感水平高的儿童往往能在数学问题解决的过程中灵活使用多样的估计策略。熊丙章和毛君顺（2005）通过对我国小学四年级儿童的调查也发现，数学自信心水平与数感水平具有非常密切的关系，并且明确提出数感中包含情感体验的成分，并建议应注意发掘和展示数感中蕴含的情感因素。

综上所述，通过探索性因素分析所得到的数感四因素结构与已有的研究结果相一致，研究所得到的四种因素是对前人提出的数感结构中所包含的各种成分的提炼和整合，是对前人各种研究成果的一种概括和发展。同时，数感四因素结构也得到了来自儿童数感评定量表的数据支持和验证，从实践层面证实了数感四因素结构的合理性。明确数感结构的因素构成和各组成成分，一方面有利于更进一步地揭示数感结构中各因素之间的关系，加深对数感结构的认识和理解；另一方面，数感四因素结构理论也为数感评定量表的编制提供了内容框架，使数感评定量表的编制有了可靠的理论基础。而且本研究中通过验证性因素分析所构建的儿童数感结构模型既得到了来自儿童数感评定量表的数据支持，从实践层面证实了儿童数感结构模型的合理性；同时，儿童数感结构模型也得到了已有研究成果的部分支持。儿童数感结构模型的建立，一方面加深了对数感心理内涵和要素的认识；另一方面，也为儿童数感的培养与干预研究提供了可靠的理论基础。

六、儿童数感评定量表项目的确定与分析

在明确了数感结构中所包含的基本要素后，以构想的数感维度作为初始量表的内容框架，从数及其关系的知觉、运算与估计的策略、数学问题结果的判断和数的情感体验四个维度进行数感量表的编制。测验题目编制完成后，采用了质性和量化相结合的方法来对初步编制的题目进行分析，以保证所编制量表中题目的质量。

首先，请小学数学教育专家对量表内容和题目进行审阅，对部分题项的内容描述进行了修改。另外，为保证量表中题目的可读性，使题目的表述易于小学生的理解和接受，避免产生歧义，请教龄在 5 年以上的一线小学数学教师及教研员对问卷中的题目进行审读，修改内容表述不清的题目 8 个。通过专家审阅和教师审读，使量表中题目的表述更易于小学生理解和接受，避免了歧义的产生，保证了量表中测验题目的可读性。其次，计算项目得分与测验总分的相关系数和多重相关系数的平方。量表中各题目的题总相关系数均小于 0.3，多重相关系数的平方均小于 0.4，表明量表中各题目的相关程度较高。再次，计算量表中每个项目的决断值，各题目的决断值均达到显著性水平，表明量表各项目可以对被试的数感水平进行有效的鉴别。最后，采用探索性因素分析的方法，删除了在多个公共因子上载荷接近的题目，量表中各题目的因子载荷均大于 0.3。综上所述，儿童数感评定量表可以有效地鉴别不同儿童的数感水平。

本研究采用重测信度、分半信度和内部一致性信度三种信度估计方法对量表的信度进行了分析。儿童数感评定量表各因子的重测信度系数在 0.876 ～ 0.924，整个量表的重测信度系数为 0.932，表明本测验比较稳定可靠，测验结果在跨越一段时间后仍然具有一定的稳定性。儿童数感评定量表各因子的分半信度系数在 0.887 ～ 0.912，整个量表的分半信度系数为 0.913，表明儿童数感评定量表的内部一致性程度很高，测验试题的抽样适

当。儿童数感评定量表各因子的 Cronbach 系数在 0.847 ~ 0.905，整个量表的 Cronbach 系数为 0.916，表明儿童数感评定量表内部所有题目之间的一致性程度很高，所得到的测验结果可以反映儿童数感的水平。综合以上三种信度指标的分析结果，可以看出儿童数感评定量表各维度及总分的各项信度系数均达到了可接受的水平，表明量表内部各题目之间的一致性程度较高，所得到的测量结果稳定可靠。

本研究采用内容效度、结构效度和效标效度三种效度估计方法对量表的效度进行了分析。经过专家评定，儿童数感评定量表在内容范围和能力要求两个方面均达到了可接受的水平，表明本量表具有较好的内容效度。儿童数感评定量表各维度之间的相关系数在 0.198 ~ 0.425，各维度与量表总分之间的相关系数在 0.671 ~ 0.763，相关矩阵中的各相关系数符合心理测量学的标准，表明儿童数感评定量表具有较高的结构效度。同时，数感结构模型的各个指数均达到了可以接受的水平，表明数感理论模型与实际测量数据之间的匹配度和一致性程度较高，也证明本量表具有较高的结构效度。儿童数感评定量表与效标的相关性系数在 0.01 水平上达到了统计显著性，表明本量表具有较高的效标效度。综合以上三种效度指标的分析结果，可以看出儿童数感评定量表测量所得的结果与研究所要测量的心理特质之间具有较高的一致性程度，所得到的测量结果是有效的。

综上所述，儿童数感评定量表的信度和效度指标都符合量表编制所规定的标准和要求，表明儿童数感评定量表是测量儿童数感的有效工具，所得到的测量结果稳定可靠，可以用来对儿童数感水平进行评定。

七、小结

本章使用访谈和问卷等研究方法，通过探索性分析和验证性因素分析等统计方法得出儿童数感包括数及其关系的知觉、运算与估计的策略、数学问题结果的判断和数的情感体验四个维度构成。在数感维度界定的基础上，编制儿童数感评定量表，考察量表的信度（内部一致性信度、分半信度、重测信度）和效度（结构效度、内容效度、效标效度），所得出的主要结论如下：

（1）儿童数感主要是由数及其关系的知觉、运算与估计的策略、数学问题结果的判断和数的情感体验四个维度构成。

（2）儿童数感评定量表具有良好的信效度指标，符合心理测量学标准，可以作为评定儿童数感的有效测量工具。

第三章　儿童数感的发展特点

数感是形成和发展运算能力和数据分析能力等各种数学能力的基础和前提。《义务教育数学课程标准（2011 年版）》将“建立和发展数感”列为数学思考领域的首要目标，而要对小学儿童的数感进行有效的提高和培养，就必须先发现和掌握儿童数感发展的年龄特点和性别差异，依据儿童数感的发展规律，确定科学合理的数感教学目标，设计符合儿童数感发展特点的数感教学内容，选择可以有效提高儿童数感水平的教学方式。因此，考察儿童数感发展的年龄和性别特点，探索儿童数感发展的关键期，对于提高数感教学的针对性和有效性具有重要意义。

一、问题提出

关于数感的发展特点问题，基本可以概括为两种不同的观点：第一种观点认为数感是由人类先天的遗传因素所决定的，这是数感发展的生物遗传观。法国心理学家 Dehaene 是这种观点的代表人物。他以生物进化理论为基础，提出数感是在人类的长期进化过程中所形成的，并且大脑为数感的产生提供了直接的生理基础。他还提出数学就是由人类的大脑所创造的，我们认识数、进行数学运算等一切数学活动都是大脑皮层中神经回路被激活的结果，数感也不例外。Dehaene（2001）对数感的来源问题做出了自己的回答，他认为人脑是产生数感的唯一来源，人脑中有专门的与数字和数量加工相对应的脑结构，数感的产生就是以这种脑结构作为生理基础的，也就是说只要具备了这种脑结构，那么人就拥有了这种数感，并且随着这种脑结构的发育和成熟，人类的数感就得到了相应的发展，并遵循人类普遍的发展规律。脑损伤患者在损伤了脑的部分区域后，特别是脑顶叶内沟（IPS），人就会丧失基本的算术能力（Zorzi、Priftis、Umilta，2002）。脑功能成像（fMRI）也发现脑顶叶内沟与人的基本算术能力相关（Simon et al.，2004；Zago et al.，2008），这些研究特别是脑成像研究充分支持了 Dehaene 的这种观点。

第二种观点认为数感是经过人类后天的学习所获得的，这是数感发展的经验习得观。以 Griffin 为代表的大多数数学心理学研究者都支持这个观点。他们认为数感不是一个完全有或完全无的两极化概念，数感的发展过程是个体经验和知识的积累和习得的过程。儿童最初的数量观念和数概念是通过与父母、同伴的数学游戏活动等非正式的教育方式所获得的，而这种经验性质的数量观念和数概念为儿童以后进入学校进行正式数学学习提供了必要的基础条件。但是除了简单的数量辨识和算术操作外，数感还包括了许多复杂的内容，如数字意义和关系的理解，运算操作的灵活性和流畅性，以及对数字模式的识别等。这些复杂的数感成分和内容必须经过正式的数学教育才能获得。而且，大部分儿童可以自然获得的基本数学能力，如数数、数量比较等能力，而对于一些特殊儿童，特别是数学学习困难的儿童来说是不能自然发展的，必须经过学习和教育才能获得。很多关于数感干预和教学的实验研究都为数感发展的经验习得观提供了有力的证据。Griffin 等（2004）开发的“数字世界（Number World）”，通过实验验证可以有效地提高和促进儿童数感的发展。另外，Clements 等（2007）开发的“数学积木（Building Blocks）”以及 Starkey、Klein 和 Wakeley（2004）开发的“学前数学（Pre-K Mathematics）”也是有代表性的教学干预措施。这些研究都说明通过有针对性的教学干预等措施，儿童的数感确实可以得到促进和提高。

通过以上的分析，可以看出两种观点都有一定的实验证据作为支撑，都有一定的可取之处，但又有一定的不足之处，如为什么具有同样生物遗传结构的儿童在数感发展中却存在一定的差异。其实，数感发展的生物遗传观和经验习得观之间并不是完全对立的，这两种观点只不过分别说明了数感发展的两个方面。人类通过进化和遗传所获得的特定的数字加工的脑结构是儿童的数感发展的生物基础，提供了数感发展的可能性；而后天的学习和教育则能将这种可能性变为现实性，并决定数感发展的具体方向和内容，影响数感发展的速度。

数感随着人的成长而逐步发展成熟，生理和社会文化的相互作用和影响，必然导致数感的发展表现出一系列的差异特征。

研究表明，数感的发展从婴儿期就已开始，Starkey 和 Cooper（1980）通过习惯化和去习惯化的方法最先证明 4—5 个月的婴儿具有辨别数量差异的能力。Antell 和 Keating（1983）发现刚刚出生不到 6 天的婴儿就已经可以辨别 3 个物体和 2 个物体之间的数量差异。婴儿生长到 6 个月时，已经能够辨别 8 与 16 之间的数量差异，但还不能辨别 8 与 12 之间的数量差异。

婴儿不仅能辨识集合中数量的差异，同时还可以注意到数量变换的结果。Wynn（1992）发现 5 个月的婴儿对不合理运算结果的注视时间更长，由此推测 5 个月的婴儿已经具备了简单的运算能力，当然这并不是说 5 个月的婴儿就已经可以进行加减运算，但至少说明 5 个月的婴儿已经知道在集合中放入或拿走物体时（尽管他们没有见到这个放入或拿走的过程），集合的数量发生了变化，而且这种对错误运算结果注视时间的长短与集合中物体的视觉特征（如颜色、形状等）及物体的空间位置等因素无直接关系（Koechlin、Dehaene、Mehler，1997）。同时，相类似的实验还进一步发现，婴儿也知道一加二的运算结果（Baillargeon，1994；Simon、Hespos、Rochat，1995；Uller et al.，1999）。

到了幼儿期，儿童具备了使用语言的能力，语言能力和初始数量能力相联系，使儿童具备了计数能力。3—4 岁时，儿童开始理解了计数与数量的对应关系（也称作基数原则）。到 4 岁左右时，儿童已经具备了两种基本的数量能力：一种是进行整体性的数量比较，另一种是计数能力

（Halberda、Feigenson，2008；赵振国，2008）。到5—6岁时，儿童在已有数量能力的基础之上开始形成更高级的数学认知结构，这种新的数学认知结构可以把数字和数量紧密连接在一起，并能让儿童不借助物体，而直接使用计数能力来完成各种数量的判断。研究者认为这为以后更高级的数学学习提供了基础（Griffin，2002）。

从上面的分析，可以看出婴儿具有初始的数能力（primary mathematical abilities）（Geary，1995；Piazza、Dehaene，2004；Xu、Spelke、Goddard，2005），人类对数的认识是独立于语言的（Gelman、Butterworth，2005）。数量辨识能力和运算推理能力就是这种原始数能力的两种重要类型。在原始数能力的基础上，通过符号化的语言的加工，这种初始的数量表征系统与语言符号系统建立了直接的联系，发展出了人类特有的更高级的数量能力。

从以上对儿童数感发展特点的归纳和分析，可以发现已有研究主要揭示了幼儿数感发展的特点和规律，发现了幼儿数感发展的年龄和性别特点。但是，对小学儿童数感发展的特点和规律的研究还不是很全面，已有的研究只是揭示了小学高年级儿童数感发展的一些特点，针对小学中低年级儿童数感发展的特点和规律的研究非常少。儿童数感发展是一个完整的、连续的过程，目前研究只是发现了小学高年级儿童的数感发展特点，还不足以全面揭示小学阶段儿童数感的发展特点，因此研究小学中低年级儿童数感发展的年龄和性别特点，不仅可以完善已有的针对儿童数感发展特点的研究，而且还能发现儿童数感发展的整体规律和特点，同时，也可以揭示儿童数感发展的关键期，为儿童数感发展的干预研究奠定理论基础。所以，小学儿童数感发展的年龄和性别特点问题，以及小学儿童数感的关键期问题是本章所要探讨的主要问题。

二、儿童数感发展特点的研究方法

本研究运用心理测量学的方法，使用自编的儿童数感评定量表，考察儿童数感发展的年龄和性别特点，探索儿童数感发展的关键期。

（一）研究对象

随机整群抽取被试 1825 人，有效被试 1746 人，其中 8 岁组被试平均年龄为 8.47 岁（*SD*=0.38），9 岁组被试平均年龄 9.32 岁（*SD*=0.51），10 岁组被试平均年龄为 10.43 岁（*SD*=0.45），11 岁组被试平均年龄为 11.28 岁（*SD*=0.31），12 岁组被试平均年龄为 12.16 岁（*SD*=0.43），被试分布情况如表 3.1 所示：

表 3.1　儿童数感发展特点被试分布（单位：人）

	8 岁组	9 岁组	10 岁组	11 岁组	12 岁组	总计
男	143	185	149	181	189	847
女	172	168	182	201	176	899
总计	315	353	331	382	365	1746

（二）研究工具

研究采用自编的儿童数感评定量表作为测量工具，该量表具有良好的信效度，量表包括 4 个维度，共 21 题，其中数及其关系的知觉维度包含 6 个题目，运算与估计的策略维度包括 5 个题目，数学问题结果的判断包括 6 个题目，数的情感体验包括 4 个题目。采用 Likert 5 点法计分，从“完全不符合”到“完全符合”，依次记为 1 ～ 5 分。

（三）研究程序

测验采用团体测试的方法进行，以班级为单位进行集体施测。测试时由一名经过培训的硕士研究生和本班的数学任课教师担任主试，并按照统一的指导语进行测试。测验要求被试在规定时间内完成测试问卷中的所有题目，并强调严格按照题目的要求作答。整个测试先后共发放问卷 2000 份，回收问卷 1825 份，回收率为 91.25%；剔除重要个人信息缺失和题目作答不完整的问卷 79 份，得到有效问卷 1746 份，有效率为 95.67%。

（四）统计分析方法

儿童数感发展特点的研究使用 SPSS 19.0 和 Excel 2003 等统计软件对数据进行相关分析、多因素方差分析（MANOVA）等数据分析和处理。

三、儿童数感发展特点的研究结果

（一）儿童数感的年龄差异分析

首先对测量所得的数据进行单因素多元方差分析，考察 8—12 岁儿童数感总体及各维度的发展变化情况，探讨儿童数感发展的年龄特点。在方差分析之前，采用 Levene 检验的方法对数据的方差齐性进行了检验，检验结果表明各组数据的方差不存在显著性差异，表明数据满足方差齐性的要求，可以对所得数据进行方差分析，统计分析结果如表 3.2 所示：

表 3.2　儿童数感发展水平的年龄差异分析

维度		8 岁	9 岁	10 岁	11 岁	12 岁	*F*
FAC1	*M*	2.873	3.371	3.672	3.725	3.756	48.072***
	SD	0.746	0.842	0.681	0.627	0.515	
FAC2	*M*	2.635	3.196	3.519	3.671	3.773	28.973***
	SD	0.549	0.675	0.918	0.745	0.473	
FAC3	*M*	2.705	3.287	3.551	3.689	3.748	32.085***
	SD	0.591	0.745	0.834	0.805	0.646	
FAC4	*M*	2.914	3.389	3.642	3.703	3.741	36.408***
	SD	0.586	0.718	0.847	0.514	0.461	
数感总分	*M*	2.822	3.368	3.639	3.712	3.769	45.681***
	SD	0.914	0.763	0.804	0.489	0.767	

从表中可以看出，儿童数感总体和各维度的方差检验都达到了显著性水平，表明儿童在数感总体和各维度的发展水平上存在显著的年龄差异。为了进一步明确到底哪几个年龄段之间存在显著差异，采用最小显著差异（least significant difference，LSD）的检验方法，对所得到的各均值进行事后多重比较。

各均值之间的配对比较检验结果表明，儿童数感总体的发展水平在 8—9 岁（$t=-4.013$，$p<0.001$）和 9—10 岁（$t=-2.731$，$p<0.01$）时差异显著，

儿童数感总体随年龄发展变化的趋势如图 3.1 所示：

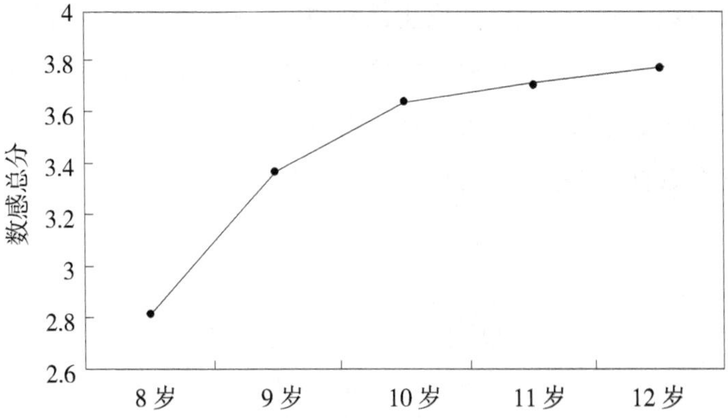

图 3.1　儿童数感总体发展的年龄趋势图

上图表明，儿童数感的发展水平随着年龄的增长而不断提高，但是不同年龄段儿童之间的数感发展水平存在显著差异，表明每个年龄段儿童数感水平的发展速度不尽相同。儿童在 8—9 岁时发展速度要比 9—10 岁时快，10 岁以后，儿童数感的发展逐渐趋于平缓。这表明儿童数感发展的关键期在 8—9 岁。

（二）儿童数感的性别差异分析

对测量所得的数据进行单因素多元方差分析，考察 8—12 岁儿童数感总体及各维度的性别差异情况，探讨儿童数感发展的性别特点。在方差分析之前，采用 Levene 检验的方法对数据的方差齐性进行了检验，检验结果表明各组数据的方差不存在显著性差异，表明数据满足方差齐性的要求，可以对所得数据进行方差分析，统计分析结果如表 3.3 所示：

表 3.3　儿童数感发展水平的性别差异分析

维度	男（*N*=410）		女（*N*=415）		*t*
	M	*SD*	*M*	*SD*	
FAC1	3.544	0.735	3.503	0.761	1.372
FAC2	3.835	0.681	3.762	0.728	3.061**
FAC3	3.536	0.774	3.584	0.843	−0.409
FAC4	3.683	0.836	3.769	0.652	−1.058
数感总分	3.577	0.684	3.615	0.636	−0.835

从数感总分来看，女生的平均分（M=3.615）要略高于男生（M=3.577），但是，经过统计检验发现，男女生之间的这种差异没有达到统计显著性水平（p>0.05），说明男女儿童数感发展在总体上不存在显著的性别差异。对数感各维度的分析发现，儿童数感发展在来些维度上却存在显著的性别差异，儿童数感在各维度的性别差异如图 3.2 所示：

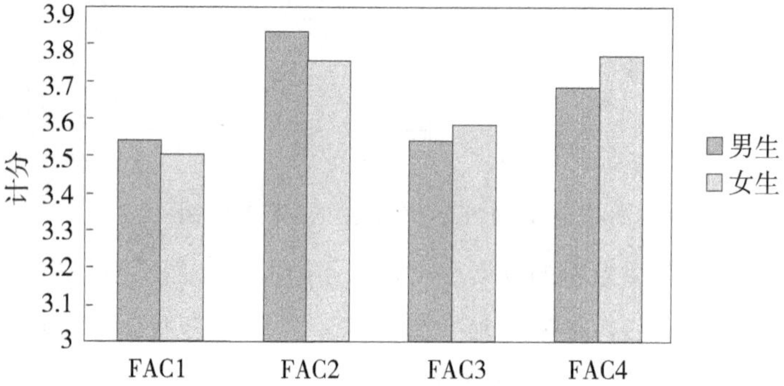

图 3.2　数感各维度性别差异比较图

在数及其关系知觉维度上，男生的平均分（M=3.544）要略高于女生（M=3.503），经过统计检验发现，男女生之间的这种差异没有达到统计显著性水平（p>0.05），说明儿童在数及其关系知觉维度上不存在显著的性别差异。在运算与估计策略维度上，男生的平均分（M=3.835）要高于女生（M=3.762），经过统计检验发现，男女生之间的这种差异达到统计显著性水平（p<0.01），说明儿童在运算与估计策略维度上存在显著的性别差异。在数学问题结果判断维度上，女生的平均分（M=3.584）要略高于男生（M=3.536），经过统计检验发现，男女生之间的这种差异没有达到统计显著性水平（p>0.05），说明儿童在数学问题结果判断维度上不存在显著的性别差异。在数的情感体验维度上，男生的平均分（M=3.683）要低于女生（M=3.769），经过统计检验发现，男女生之间的这种差异没有达到统计显著性水平（p>0.05），说明儿童在数的情感体验维度上不存在显著的性别差异。

（三）儿童数感发展中年龄与性别交互作用分析

为了进一步考察不同性别儿童数感发展的年龄特点和趋势是否存在差异，探讨不同性别儿童在年龄发展上的交互效应。以年龄和性别为自变量，以被试在数感评定量表中的得分为因变量，对测量所得的数据进行 2×5 的多因素方差分析（MANOVA），对儿童数感发展中年龄与性别的交互作用进行检验，统计分析结果如表 3.4 所示：

表 3.4　年龄与性别交互作用的方差分析

变异来源	df	*MS*	*F*
年龄	4	16.782	30.507***
性别	1	1.456	2.642
年龄 × 性别	4	0.173	0.315

从上表可以看出，儿童数感发展的年龄主效应显著（$p<0.001$），这说明不同年龄的儿童的数感发展水平存在显著差异。性别的主效应不显著（$p>0.05$），这说明不同性别的儿童的数感发展水平不存在显著差异。年龄与性别之间的交互作用不显著（$p>0.05$），这说明随着年龄的增长，男女生数感发展的方向是一致的。

四、儿童数感发展的年龄特点与关键期

本研究运用心理测量学的方法对儿童数感发展的年龄特点进行了研究，研究发现，儿童数感总体发展水平随着年龄的增长而不断提高，但每个年龄阶段的发展速度并不相同。8—10 岁时，儿童的数感发展处于上升时期，其中，8—9 岁时数感发展速度最快，10 岁以后，儿童数感的发展逐渐趋于平缓。这说明儿童数感发展的关键期在 8—9 岁。

本研究所发现的儿童数感发展的年龄特点和趋势与国内外已有的相关研究结果是一致的。例如，Halberda 等人（2012）的研究表明，6—10 岁儿童的数感发展水平是随着年龄的增长而不断提高的，其中，8—9 岁儿童数感发展的速度明显要高于 7—8 岁和 9—10 岁这两个年龄阶段儿童的数感发展速度。Schneider 等人（2008）在对儿童数感发展特点研究中，也得到

了类似的结果，发现儿童数感发展水平随着年龄的增大而呈现不断上升的发展趋势，并指出低年龄段儿童的数感发展速度要明显快于高年龄段儿童数感的发展速度，儿童数感发展的关键期应该处于低龄儿童阶段。Griffin等（2004）使用自编的数感水平量表（LNSS）对6—12岁儿童的数感发展水平进行了测量，研究发现儿童数感发展水平随着年龄的增长而呈现出不断上升的发展趋势，同时指出6—9岁儿童数感的发展最为迅猛，处于这个年龄儿童的数感发展速度随着年龄的增长而不断提高，在8—9岁时，儿童数感的发展速度达到最大值，10岁以后，儿童数感的发展开始趋于平缓，处于这个年龄阶段的儿童的数感发展速度随着年龄的增长变化并不显著。

本研究所发现的儿童数感发展的年龄特点和趋势与已有研究所指出的儿童数概念的发展特点和规律存在显著差异。在一般教育水平和条件下，儿童数概念发展的关键期在10—11岁（林崇德，1981），而本研究发现儿童数感发展的关键年龄在8—9岁，这表明儿童数感水平的提升与儿童数概念的发展并不是同步的，儿童数感发展的关键期在小学低年级，到小学中高年级后，儿童数感的发展开始趋于平缓，而儿童数概念发展的关键期却在小学中年级，在小学中高年级，儿童数概念的发展速度较为迅猛，到小学高年级后，儿童的数概念基本形成，并开始向初步的代数运算水平发展。在小学中高年级，学生的算术知识不断丰富，运算能力显著提高，但是儿童的数感发展水平却增长缓慢，这说明数学知识的获得和运算能力的提高并不能促进儿童数感水平的发展，也就是说，并不是儿童的数学知识越多，相应的数感发展水平就越高。可见，传统的数学知识教学和运算能力的训练，可以有效地促进儿童数概念的形成和发展，但是却不能保证儿童数感的发展和提高。所以，不能把儿童数概念的形成和发展与儿童数感的获得与提高混为一谈，必须重视对儿童数感发展特点及规律的研究和认识。

儿童数感发展的年龄特点为数感的教学实践提供了心理学依据。数感的教学必须符合儿童数感的发展规律，根据儿童数感的发展特点来设置数感教学的目标，确定数感教学的重难点，选择数感教学的最佳教学时间。在教学目标的设置方面，儿童数感在不同年龄段的发展水平有所差异，所以教学目标的设置也应该符合各个年龄阶段儿童的数感发展特点，使教学目标形成一个有层次和梯度的序列和体系。在教学重难点的确定方面，儿童数感在不同维度上的发展并不是同步的，数感的不同维度在每个年龄段的发展速度有所差异，所以要按照不同维度在每个年龄段的发展规律来确定数感教学的重点和难点。在教学时间的确定方面，数感发展的关键期是儿童数感发展速度最快的一段时间，也是教学对数感发展影响最大的时期。所以，选择在关键期时进行教学，可以取得最佳的教学效果，促进儿童数感的迅速发展，达到事半功倍的教学效果。

儿童数感发展所呈现出的年龄特点是生理和社会文化因素共同作用的结果。大脑为数感的产生提供了直接的生理基础，人脑中有专门的与数字和数量加工相对应的脑结构，数感的产生就是以这种脑结构作为生理基础的，也就是说只要具备了这种脑结构，那么人就拥有了形成数感的生理基础，并且随着这种脑结构的发育和成熟，人类的数感也得到了相应的发展，并遵循人类普遍的发展规律。脑功能成像（fMRI）研究发现脑顶叶皮层与人的基本算术能力密切相关（Dehaene，2007），并且小学阶段儿童脑顶叶皮层的发展变化非常显著。另外，大脑的前额叶皮层（PFC）也在数量和认知加工中起到重要作用（Diester、Nieder，2007）。

儿童心理发展是多种因素共同作用的结果，生理因素不可能是影响和制约儿童心理发展的唯一因素。人类通过进化和遗传所形成的与数字加工相关的脑结构只是为儿童的数感发展奠定生物基础，提供了儿童数感发展的可能性，而后天的学习和教育则提供了把这种可能性变为现实的条件，而且这种教育文化因素决定了儿童数感发展的具体方向和内容，并直接影响儿童数感发展所能达到的水平和速度。儿童数感的发展到小学中高年级后逐渐开始趋于平缓，可能是由于小学中高年级开始注重算术知识的习得和运算能力的提高，而忽视了对儿童数感的培养与教学所导致的。在后面的研究中我们将继续深入探究生理因素、认知因素和教育教学对儿童数感发展的作用机制，对儿童数感发展所呈现出的年龄特点的原因进行具体的实证研究。

五、儿童数感发展的性别特点

本研究运用心理测量学的方法对儿童数感发展的性别特点进行了研究，结果发现，儿童数感发展在总体上不存在显著的性别差异。本研究结果与已有的关于儿童数感发展性别特点的相关研究结果是一致的，许清阳（2002）使用 Yang 编制的数感测评量表对台湾地区五、六年级小学儿童的数感发展特点进行了研究，结果显示台湾地区五、六年级小学儿童的总体数感发展水平不存在显著的性别差异。熊丙章（2005）选择了小学数学当中具有代表性的数感测验题目，对小学一到六年级儿童的数感发展特点进行了研究，结果发现一到六年级儿童数感总体发展不存在显著的性别差异，表明男女儿童的数感在小学阶段并没有发展差异性。祁心禹（2012）采用问卷测验的方法对小学四到六年级儿童的数感发展特点进行了研究，结果显示四到六年级儿童数感整体发展并不存在显著的性别差异，男女儿童的数感发展水平在小学高年级不存在发展差异性。

男女儿童的总体数感发展水平虽然不存在显著的性别差异，但是儿童在运算与估计的策略维度上却存在显著的性别差异，女生的得分要显著低于男生，表明在运算与估计策略的使用方面，男生的发展水平要高于女生。本研究结果与已有的关于儿童数感发展的性别差异的相关研究结果是一致的。熊丙章和毛君顺（2005）对儿童数感的策略认识、情感认同、数学自信心、精确答案偏好四个维度的性别发展特点进行了研究，结果发现男生在面对具体的数学问题时，可以根据实际情况灵活地选用不同的策略来解决相关问题，而女生则容易受到数学精确答案思想的影响，在解决数学问题的过程中更倾向于使用精确计算的方法来得到问题的答案。同时，男生对数字实际意义的理解更加深刻，可以把数字和运算应用于日常生活之中，而女生则没有充分认识和体会到数在日常生活中的意义和作用，不能有效地把数学中的数与现实生活中的数量关系联系起来。谢茜（2006）采用问卷调查和个案访谈的方法对五到七年级学生数感发展的性别特征进行了研究，结果显示五年级男女学生在使用灵活的策略解决问题的维度存在显著差异，女生对策略灵活使用的水平要显著低于男生。为了对男女学生策略使用水平有更加深入的了解，他们对553份学生数感测评问卷进行了分层抽样，从中随机抽取出男女学生数感测评问卷各30份，对测验题目的作答结果以及得出该结果的过程进行了详细分析，如在解决一道数字运算问题时，30个男生中只有19个学生使用了分拆重组数字的策略来解决问题，而30个女生中只有6个学生使用了这种策略来解决问题，其余的女生都是使用固定的程序化的计算方法来解决问题。张力维（2009）采用问卷测验的方法对小学四到六年级儿童数感发展的性别特点进行了研究，结果显示四到六年级儿童在运算策略的灵活应用以及选用数的多种表示方式方面存在显著的性别差异，且男生在灵活应用策略以及选用数的多种表示方式方面要显著优于女生。男生在面对一个具体的数学问题时，可以根据实际需要和情况，选择比较灵活的方式来得到问题的答案，如在解决一道需要使用估算策略解决的问题时，有76%的男生使用了比较灵活的估算方法来解决问题，而只有25%的女生使用了估算方法来解决问题，其余的女生都是使用机械的计算方法来解决问题。

男女儿童在策略使用方面表现出来的差异性与我国长期形成的数学教育文化是相符合的。在对男女儿童数学学习的认识方面，传统的数学教育文化中一直都存在着男女儿童在数学学习中存在较大差异的认识，一般认为男生在数学学习中思路较为开阔，思维较为敏捷，对数学问题的思考较为深入。而女生在数学学习中则较为认真、细致，对教师和书本上所教授的数字知识和计算方法可以很好地理解和掌握，但是当遇到与书本上不同的数学问题时，她们不能及时地改变和修改已有的计算方法去解决新的数学问题。基于这样的一种认识，在实际的学校教育和课堂环境中，男生被更多地鼓励提出和展示自己多样的方法和策略，而女生则更多地被认为是认真理解和使用教师所传授方法的榜样。其实，已有的很多对性别与数学学习关系的研究表明，男女儿童的数学认知能力并不存在显著差异，在数学学习过程中男生并不比女生更具有优势（许艳丽、崔春霞，2007；刘蕴坤、陶沙，2012），男女儿童在策略使用方面表现出来的差异在很大程度上是受到了我国已有数学文化的深刻影响。所以，教师在今后的数学课堂教学中应该多鼓励女生积极思考，从不同的视角来理解数学问题，大胆采用与书本不同的数学方法和策略来解决问题，提高她们思维的灵活性和多样性。

对儿童数感发展性别特点的研究，进一步揭示了儿童数感总体发展的性别差异以及男女儿童在数感各维度上的发展差异，这也为数感的教学提供了心理学依据，促使教师更加明确学生数感发展的特点和规律。数感的教学必须符合儿童数感的认知和发展规律，教师根据儿童数感的发展特点来确定数感教学的指导思想和选择适合儿童数感发展特点和规律的教学方式。在确定数感教学指导思想方面，因为儿童数感发展在总体上不存在显著的性别差异，所以教师首先就要确立男女儿童数感的整体发展水平是相当的这一教学指导思想，在进行数感教学时，不管是男生还是女生，都要鼓励他们积极参加数字游戏活动，主动运用数字和运算去解决生活中的实际问题。针对有些学生见到数字就害怕，特别是有些女生认为自己不可能学好数学的情况，教师应该对这些学生进行积极的引导，帮助她们树立学习数学的自信心，逐步提高其数感水平。在教学方式的选择方面，因为男女学生在运算与估计策略维度上的发展水平有显著的差异，所以教师应该更多地采用男女学生合作学习的方式进行数感教学，鼓励和引导男女学生在讨论和交流的过程中，相互启发和帮助，共同发展进步。

六、小结

本章使用自编的儿童数感评定量表考察儿童数感发展的年龄和性别特点，探索儿童数感发展的关键期。通过对儿童数感发展特点的研究，得出以下结论：

（1）儿童数感的发展水平随着年龄的增长而不断提高，但不同年龄阶段的发展速度存在显著差异，在8—9岁时数感发展速度最快，10岁以后，数感的发展逐渐趋于平缓，所以儿童数感发展的关键期在8—9岁。

（2）儿童数感发展在总体上不存在显著的性别差异，但在运算与估计的策略维度上，男女儿童却存在显著差异，男生的得分要显著高于女生的得分。儿童数感发展不存在年龄与性别的交互作用，表明随着年龄的增长，男女儿童数感发展的方向是一致的。

第四章　儿童数感的认知机制

本章采用心理测验和行为实验相结合的方法探讨不同数感水平的儿童数量表征的差异性。在实验过程中，使用本书编制的儿童数感评定量表，把被试划分为高数感和低数感两组。然后，对高低数感水平儿童的数量表征结果进行数据拟合，建立高低数感儿童数量表征的数学模型，揭示高低数感水平儿童数量表征模式上的差异性和发展特点。

一、问题提出

数量表征指的是个体对数量的心理理解，在习得数字等言语符号前，表现为个体对客体数量多少的辨别；在习得数字等言语符号后，表现为个体在数字与其代表的数量之间建立的映射关系（Dehaene，1997）。个体利用数量表征不仅可以操作数量解决复杂的数字问题，同时还可以理解更加抽象的数量关系。

（一）数量表征的心理效应

距离效应（distance effect）是数量表征的一种心理效应，指个体对两个数字的数量大小进行比较时，当被比较的两个数字之间的距离（即两数字之差的绝对值）不断增大时，被试的错误率反而会不断降低，其反应时也会不断减小。例如比较数字 1 和 8 的反应时要小于比较数字 7 和 8

的反应时（Moyer、Landauer，1967；Dehaene、Dupoux、Mehler，1990；Temple、Posner，1998；Libertus、Woldorff、Brannon 2007）。数量表征的距离效应也存在于两位阿拉伯数字比较的行为实验中（Dehaene，1996；Ansari et al.，2005；Ansari、Dhital，2006）。数量表征的距离效应与数字的形式无关，非符号形式数字比较的行为实验中也存在显著的距离效应（Buckley、Gillman，1974；赵晖等，2008）。同时数量表征的距离效应也不受感觉通道的限制，语音形式的数字比较实验中同样也存在距离效应（Koechlin et al.，1999）。不仅成人在数量表征中存在数字距离效应，儿童在数量表征中也存在显著的数字距离效应。Holloway 和 Ansari （2009）在对 6—8 岁儿童进行数字比较实验时发现，不管是阿拉伯数字的形式，还是点阵数字的形式，被试都表现出明显的数字距离效应，而且相关的研究还发现刚出生的婴儿和某些动物在数量表征中也会表现出数字距离效应（Duncan、McFarland，1980；Dehaene、Changeux，1993）。

（二）数量表征的理论模型

数量表征是数字认知加工研究的核心问题，很多学者对此问题进行了研究，并提出了不同的理论模型。

1. 对数表征模型

法国心理学家 Dehaene（1992）提出可以用心理数字线来刻画数量在人心理内部的表征形式，他用心理数字线（the mental number line）来比拟个体的数量表征，即人对数量的表征是压缩在一条心理数轴上的。心理数字线理论提出人主要是以两种模式来对数量进行表征：首先，他们假定 ANS 的内部刻度是线性的，其变异也是线性变化的。接着，用高斯曲线来刻画数在 ANS 中的表征形式，高斯曲线有两个参数：n 和 w，n 表示数刺激的数量大小（如一个集合中包含 7 个物体，那么 $n=7$）；w 是韦伯分数，表示两个数刺激差异量与最小数刺激量的比值（如在两个集合中分别包含

8 个和 7 个物体，那么 $w=\frac{8-7}{7}=0.14$），它是模型中衡量人数量表征精确程度的参数，不同个体之间的韦伯分数的值差异较大。高斯曲线是关于 n 对称的钟形曲线，且峰值在 n 处取得。韦伯分数 w 与 n 的乘积 nw 决定曲线的形状。高斯曲线下的面积就是该数在表征中被激活的概率。图 4.1 是数字 4 ～ 10 在 ANS（w=0.125）中的表征形式。

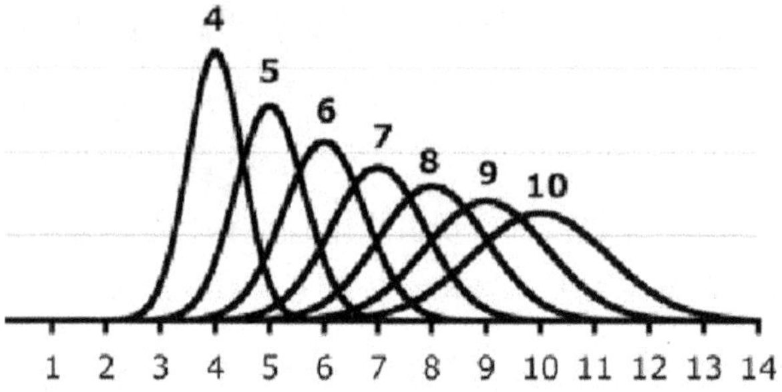

图 4.1　数字 4 ～ 10 在 ANS（w=0.125）中的表征形式

从上图中可以看到，每一个数都由一条高斯曲线表示，因为曲线的形状是由 nw 所决定的，所以随着数字的增大，对应的高斯曲线越扁平，其峰值也越小。这些曲线是彼此交叉在一起的，曲线下的面积就出现了彼此重合的部分，所以其被激活的概率之间也有所重叠。从图中可以看出，当包含 5 个物体的集合时，在 ANS 中不仅激活了数量表征 5，同时也激活了和 5 所重叠的 4、6、7、8，因为 5 的激活曲线与 4、6 的激活曲线所重合面积大，那么 4、6 与 5 同时被激活的概率也就大，而 5 的激活曲线与 7、8 激活曲线的重合面积小，所以 7、8 与 5 同时被激活的概率就要小一些。这不仅解释了为什么人对数的表征是不精确的，同时也解释了数字加工中的距离效应（distance effect）现象，数字离得越近，它们重合的面积就越大，被同时激活的概率就越大，所以在对距离较近的两个数字加工时，反应时和错误率都会有所上升。从图中还可以看到，9 和 10 的激活曲线之间重合的面积要比数字 4 和 5 的激活曲线之间重合的面积大得多，所以人对 9 和 10 的分辨就比对 4 和 5 的分辨困难得多，这就解释了数字加工中的大小效应（size effect）现象，数字越大，它的激活曲线与其他数字的激活曲线之间的重合面积就越大，被同时激活的概率就越大。

2. 线性表征模型

美国心理学家 Case 和 Okamoto（1996）最先提出了数量表征的线性模型（Linear Representation Model）。这个模型指出个体对数量的表征形式是呈线性函数形式的，因此个体对数量的表征模式也是线性的，但是线性表征模式不是个体一出生就具有的，而是随着个体的成熟和发展，到一定年龄阶段才会表现出来的。他们通过实验研究发现 4—5 岁的儿童是以数量为核心结构来对数字进行表征的，这个年龄段的儿童不能对数字进行精确的表征，只能使用“大”和“小”等数量的语义表征模式对数字进行表征，儿童从 6 岁开始才逐渐使用线性模式对数字进行表征，这时儿童逐渐可以对数字进行精确的表征，如他们可以判断出 3 和 6 哪个数字距离 8 最近。

Ebersbach 等人（2008）也提出个体对数量的表征形式是单一的、线性的，而且儿童的数感对其数量表征的形式有着重要的影响。在一定的数量区域内，儿童的数量表征形式都是线性的，数量表征函数模型的尺度变异系数也是相对不变的，但是要是数字超出了这一数量界限，儿童的数量表征尽管还是呈线性形式，但是其数量表征的线性函数模型的斜率在数量区域内外是不相同的：在数量区域内，数量表征的线性函数模型的斜率比较大，如果超出了这一特定的数量区域，数量表征的线性函数模型的斜率就会逐渐减小，这样就呈现出两个不同数量区域的线性函数模型的表征形式和特征。在整个数量范围和区域内，斜率不同的线性函数连接在一起时，其曲线的拟合形式与对数函数的曲线形式很相似。

（三）数感与数量表征的关系

目前，针对数感与数量表征关系的研究并不是很多，已有的研究也只是提出了数感与数量表征关系的理论构想，并没有经过实验研究的验证。例如潘星宇等人（2009）认为数感是在数量表征的基础之上所产生的。

Halberda、Mazzocco 和 Feigenson （2008）也指出，数感是由人心理内部的近似数表征系统（Approximate Number System ，ANS）所产生的，ANS 是产生数感的心理基础。ANS 可以对数量进行非语义（non-verbal）的近似表征（Dehaene，2009），而且 ANS 并不是人类所特有的，在许多动物身上也发现了这种近似数表征系统（Agrillo et al.，2012），这说明 ANS 是在长期的生物进化过程中所形成的一种数表征系统。数感的产生是以 ANS 为基础的。关于数感与一般数学成就的相关性研究可以从另一个侧面说明数感与数量表征之间紧密的联系。许多研究表明，在严格控制智商、视觉工作记忆、执行功能、言语能力等相关因素的情况下，数感与一般数学成就之间具有很强的相关关系，并且数感对一般数学成就具有预测作用（Mussolin et al.，2012；Libertus et al.，2013）。对 3—6 岁幼儿的追踪研究也表明，数感对一般数学成就具有预测作用，幼儿的数感水平越高，他进入小学后的数学能力就越强，但是其对非数字的认知能力并没有预测作用（Mazzocco et al.，2011；Inglis et al.，2011）。但是也有研究指出 6—8 岁儿童 ANS 的精确度与数学成就之间不存在相关关系，并不能对以后的数学成就起到预测作用（Fuhs、McNeil，2013；Sasanguie et al.，2013）。这可能与儿童进入小学后接受的数学教育有关。

通过上面对数感与数量表征研究的归纳和分析，可以发现对数量表征的研究已经非常丰富，与之相关的理论也比较成熟。虽然，已有的一些研究指出了数量表征和数感之间存在互为表里的关系：数量表征是数感的心理基础，数感是数量表征在特定任务情境下的具体行为表现（潘星宇，2009）。但是，这种数感与数量表征的关系只是理论上的猜想和假设，把数感与数量表征结合在一起的实验研究还相对较少。把数感与数量表征结合在一起进行研究，一方面可以揭示数感的心理机制，更加深刻地了解数感的内部加工机制；另一方面，也可以为数感的培养和教学干预提供坚实的理论基础。所以，不同数感水平儿童的数量表征模式的差异问题，以及不同数感水平儿童数量表征的发展特点是本章要解决的主要问题。

二、儿童数感认知机制的研究方法

本研究的主要目的是通过8—10岁不同数感水平的儿童在数字-位置（number-position，NP）任务中的表现来揭示他们数量表征模式的差异性，探索不同数感水平的儿童数量表征的发展特点。NP任务就是呈现给被试一个数字，并要求被试确定该数字在给定数字线上的位置。

（一）被试筛选

被试主要是来自普通小学三、四年级的学生，筛选分两个阶段进行。第一阶段筛选使用心理测验和临床诊断相结合的评定方法。首先，采用自编的儿童数感评定量表作为测量工具，对被试进行团体施测，并将测验的原始分数转换为百分等级分数。然后，由本班的数学任课教师根据数感的定义对学生数感、数学学习情况等方面进行评定。第一阶段筛选的入选标准如下：

高数感水平组的入选标准为：在数感测验中百分等级分数大于或等于80%的学生，且数学任课教师评定其数学学习情况稳定、数感水平较高。

低数感水平组的入选标准为：在数感测验中百分等级分数小于或等于20%的学生，且数学任课教师评定其数学学习情况稳定、数感水平较低。

第二阶段主要是排除第一阶段入选被试中的明显智力缺陷者和学习动机低下者，使筛选样本更符合实验的要求。主要使用心理测验的方法进行排除，采用Raven高级渐进推理测验（Raven，2003），该量表的重测信度为0.93，效标关联效度为0.73；学习动机诊断测验（周步成，1991），该量表在不同被试群体中的分半信度为0.83～0.89，重测信度为0.79～0.86，对第一阶段入选的被试进行团体施测，并将测验的原始分数转换为标准分数。第二阶段的排除标准如下：首先，排除智商分数处于80以下的被试。然后，排除学习动机低于2个标准差的被试。

最后筛选出两组学生被试共计127名，其中高数感水平的学生65名，作为高数感组；低数感水平的学生62名，作为低数感组。男生58名，女生 69 名。平均年龄为 9.47 ± 0.32 岁。为了进一步确定分组情况的合理性，对分类后高低数感水平组的被试在数感测验中的分数进行了显著性检验，检验表明高低数感组在总分和各维度得分的差异显著，表明分组是合理的，被试分布情况如表 4.1 所示：

表 4.1　正式被试分布情况一览表（单位：人）

年龄组	高数感组	低数感组	总计
8 岁组	20	17	37
9 岁组	23	25	48
10 岁组	22	20	42
总计	65	62	127

（二）实验材料

实验材料由数字线（number line）和相应的刺激物组成。数字线为长 16 厘米的水平线段，线段长度与 Siegler 等人（2011）在实验中设计的相同。在线段的两个端点分别标记有阿拉伯数字，中间没有任何标记。刺激物由一系列阿拉伯数字组成，位于线段中点上方的矩形框内，矩形框的大小为，阿拉伯数字的字体大小均为 72 磅。

数字线分为两种类型，分别表示两类不同数量范围（0—100、0—1000）的数字线。两类数字线和相应刺激数字的设计如下。

1. 0—100 数字线及数字刺激物

在 0—100 数字线的左端点位置标记有阿拉伯数字 0，右端点位置标记有阿拉伯数字 100，除此之外在数字线上没有任何其他标记。刺激数字在 0—100 的范围内选择，为了提高对数表征函数的拟合优度，以更好地区分对数表征与线性表征两种表征模式，在 0 到 30 之间选择了比较多的数字，平均每 10 个数字中选取 4 个数字；在 30 到 100 之间每 10 个数字中选取了 2 个数字。同时，为了减少特殊数字刺激对实验数据的影响，不选择位于数字线端点和中点的数字，比如 50 位于 0 和 100 的中点，所以 50 未进入刺激数字的选择范围。这样，实验共计选择了 26 个数字，从小到大依次为 3、4、6、8、12、14、17、18、21、24、25、29、33、39、42、48、52、57、61、64、72、79、81、84、90 和 96。刺激数字的呈现顺序是随机的。0—100 数字线和刺激物形式如图 4.2 所示：

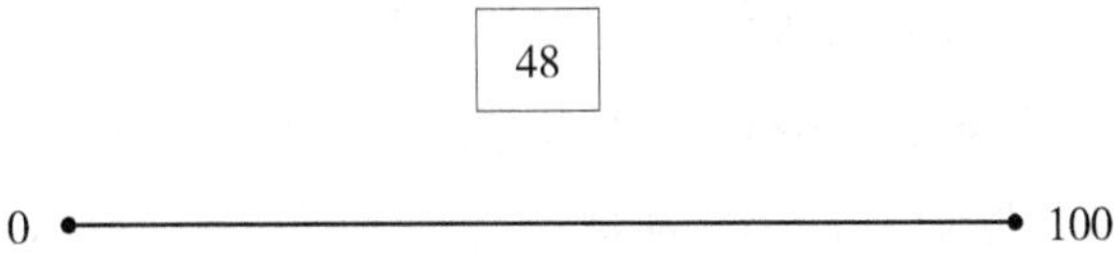

图 4.2　0 ～ 100 数字线

2. 0—1000 数字线及数字刺激物

在 0—1000 数字线的左端点位置标记有阿拉伯数字 0，右端点位置标记有阿拉伯数字 1000，除此之外在数字线上没有任何其他标记。刺激数字在 0—1000 的范围内选择，为了提高对数表征函数的拟合优度，以更好地区分对数表征与线性表征两种表征模式，在 0 到 300 之间选择了比较多的数字，平均每 100 个数字中选取 4 个数字；在 300 到 1000 之间每 100 个数字中选取了 2 个数字。同时，为了减少特殊数字刺激对实验数据的影响，不选择位于数字线端点和中点的数字，比如 500 位于 0 和 1000 的中点，所以 500 未进入刺激数字的选择范围。这样，实验共计选择了 26 个数字，从小到大依次为 31、44、62、89、123、143、176、182、215、243、253、297、333、395、421、489、526、577、610、644、724、791、814、847、901 和 966。在实验中，刺激数字的呈现顺序是随机的。0—1000 数字线和刺激物形式如图 4.3 所示：

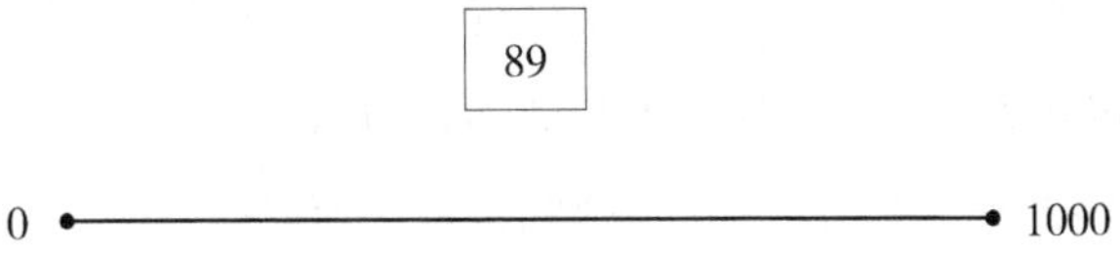

图 4.3　0—1000 数字线

（三）实验程序

实验程序采用 MATLAB 8.0 编制和控制，在计算机上完成。实验的主试由经过专业培训的心理学硕士研究生担任，因为被试是儿童，年龄都较小，所以为保证实验的顺利进行，主试与被试的比例控制在 1∶4，即每名主试每次大约负责 4 名被试的测试。实验开始前，由主试带领被试进入安静的行为实验室，安排被试坐在计算机前的一张椅子上，使被试两眼平视计算机显示器，眼睛与显示器的水平和垂直视角都不超过 5°，眼睛距离显示器屏幕大约 57 厘米，显示器为 17 英寸纯平显示器，显示器的分辨率为 1280 × 800 像素，刷新频率设置为 75 Hz。屏幕的背景颜色为白色。实验任务按照由易到难的顺序安排，被试先完成数量范围 0—100 的 NP 任务，接着完成较大数量范围 0—1000 的 NP 任务，每种任务均包括练习和正式实验两个阶段，其中正式实验由 2 个 block 组成，每个 block 包括 26 个 trial，两个 block 之间有一个 5 ～ 10 分钟的休息时间。

1. 阶段一：0—100NP 任务的练习阶段

练习阶段的目的是使被试熟悉和适应整个实验任务的操作程序。首先，主试向被试解释屏幕中出现的指导语：

“小朋友！今天我们要做一个关于数字线的游戏。”

“请你想一想，方框内的数字位于下面这条数字线上的什么位置？想好后，请你用鼠标在这条数字线上标记出来。”

“看看谁做得又快又准确！”

“你准备好了吗？请按空格键进入练习。”

主试向被试解释完所呈现的实验指导语之后，询问被试是否明白游戏要求，如果被试没有问题，则按空格键进入接下来的练习阶段。

练习共包含 5 个 trial。第一个 trial 为讲解练习，练习在主试的讲解指导下进行。练习开始时，屏幕上呈现刺激数字 50 和 0 ～ 100 数字线，主试向被试进行说明和指导：“这条线段左端点位置的数字 0 表示数字 0 位于这条线段的最左端，线段右端点位置的数字 100 表示数字 100 位于这条线段的最右端，请你想一想数字 50 在这条线段上的哪个位置？”然后，要求被试用鼠标在数字线上标记出数字 50 所对应的位置。为了确保被试真正理解本实验任务的要求，主试对被试在数字线上标记的位置给予反馈："数字 0 位于线段的左端点，数字 100 位于线段的右端点，数字 50 在这条线段的最中间，所以应该标记在线段的这个位置。"主试一边说一边用鼠标在数字线正中间做出标记。其余的 4 个 trial 由被试独立进行练习，主试不做任何讲解和说明，练习所使用的刺激数字与正式实验中的数字均不相同。

练习结束后，主试根据被试练习的情况来判断被试是否真正理解实验任务的要求。如果主试判断被试对实验任务的理解已经没有问题，就可以进入正式实验阶段；若被试还不能完全理解本实验的任务要求，则重复以上练习阶段的步骤，直到被试可以正确理解实验任务的要求，再开始进行正式实验。

2. 阶段二：0—100NP 任务的正式实验阶段

首先，呈现正式实验的指导语，指导语内容如下：

"小朋友！游戏要正式开始了！请按空格键继续。"

接着开始进入正式的实验任务，正式实验包括 26 个 trial，在每个 trial 中，首先在屏幕中央呈现一个黑色注视点"+"，持续时间为 0.5 s，提醒被试实验正式开始。然后，屏幕上随机呈现刺激数字和 0—100 数字线，呈现时间为 30 s，要求被试必须在 30 s 内做出反应，最后是 0.5 s 的空屏，之后进入下一个 trial。实验的流程如图 4.4 所示。在正式测试的过程中，由计算机记录被试在数字线上标记位置所代表的数值并计算相应的绝对误差百分比。

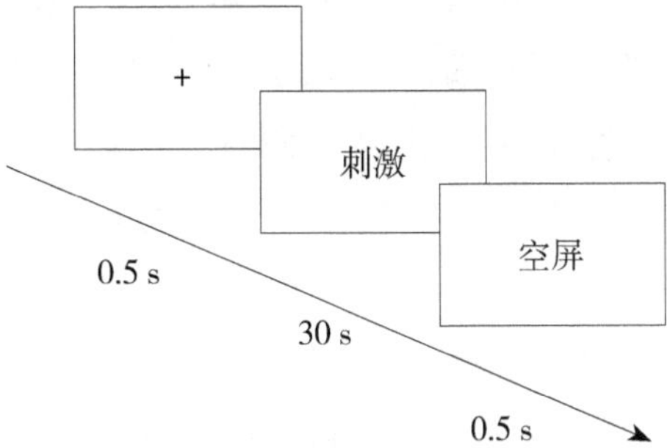

图 4.4　实验流程图

在完成0—100NP任务的正式测验后，屏幕自动呈现：

“做得很好，休息一下！接下来游戏的难度会增加一点！

请按空格键继续。”

在被试休息3～5分钟之后，进入0—1000NP任务的测试。

3. 阶段三：0—1000NP任务的练习阶段

首先，主试向被试解释屏幕中出现的指导语：

“在这部分的游戏中，数字线上标记的数字发生了变化。

请你想一想，方框内的数字位于下面这条数字线上的什么位置？想好后，请你用鼠标在这条数字线上标记出来。

看看谁做得又快又准确！

你准备好了吗？请按空格键进入练习。”

主试向被试解释完所呈现的实验指导语之后，询问被试儿童是否明白游戏要求，如果被试没有问题，则按空格键进入接下来的练习阶段。

练习同样包含5个trial。第一个trial为讲解练习，练习在主试的讲解指导下进行。练习开始时，屏幕上呈现刺激数字500和0—1000数字线，主试向被试进行说明和指导：“这一条线段上所标记的数字与前面的不同，线段左边的数字0表示数字0位于这条线段的最左端，线段右边的数字1000表示数字1000位于这条线段的最右端，请你想一想数字500在这条线段上的哪个位置？”然后，要求被试用鼠标在数字线上标记出数字500所对应的位置。为了确保被试真正理解本实验任务的要求，主试对被试在数字线上标记的位置给予反馈：“数字0位于线段的左端点，数字1000位于线段的右端点，数字500在这条线段的最中间，所以应该标记在线段的这个位置。”主试一边说一边用鼠标在数字线正中间做出标记。其余的4个trial由被试独立进行练习，主试不做任何讲解和说明，练习所使用的刺激数字与正式实验中的数字均不相同。

练习结束后，主试根据被试练习的情况来判断被试是否真正理解实验任务的要求。如果主试判断被试对实验任务的理解已经没有问题，就可以进入正式实验阶段；若被试还不能完全理解本实验的任务要求，则重复以上练习阶段的步骤，直到被试可以正确理解实验任务的要求，再开始进行正式实验。

4. **阶段四：0—1000NP 任务的正式实验阶段**

首先，呈现正式实验的指导语，指导语内容如下：

“小朋友！新的游戏要正式开始了！请按空格键继续。”

接着开始进入正式的实验任务，正式实验包括 26 个 trial，在每个 trial 中，首先在屏幕中央呈现一个黑色注视点“+”，持续时间为 0.5 s，提醒被试实验正式开始。然后，屏幕上随机呈现刺激数字和 0—1000 数字线，呈现时间为 30 s，要求被试必须在 30 s 内做出反应，最后是 0.5 s 的空屏，之后进入下一个 trial。实验的流程如图 5.4 所示。在正式测试的过程中，由计算机记录被试在数字线上标记位置所代表的数值并计算相应的绝对误差百分比。

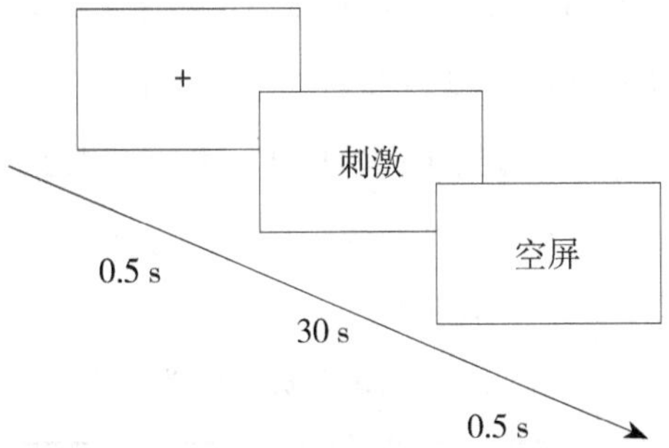

图 4.5　实验流程图

在完成 0—1000NP 任务的正式测验后，屏幕自动呈现：

“小朋友！游戏结束了，谢谢你的参与！”

感谢语呈现完成后，整个实验到此全部结束。

（四）实验数据分析

儿童数感认知机制的实验使用 SPSS 19.0、MATLAB 8.0 和 Excel 2003

等统计软件对数据进行相关分析、多因素方差分析（MANOVA）、多元回归分析等数据分析和处理。

三、儿童数感认知机制的研究结果

（一）不同数感水平的被试在 NP 任务中的表现

为了考察两组被试的在数量表征准确性上的差异，采用绝对误差百分比作为因变量指标。绝对误差百分比（percentage of absolute error，PAE）就是被试对目标数字的估计值与目标数字的准确值之间差的绝对值与相应估计尺度的比值，其计算公式如下：

$$\text{绝对误差百分比（PAE）} = \frac{|\text{估计值} - \text{实际值}|}{\text{估计尺度}} \tag{4.1}$$

例如，要求被试儿童确定 48 在 0 ～ 100 数字线上的位置，而被试在数字线上实际标记位置所代表的数值是 63，那么绝对误差百分比就应该是 |63−48| ÷ 100，最后得到该儿童的绝对误差百分比为 15%。

为了考察高低数感两组被试儿童在 0 ～ 100 和 0 ～ 1000 两种任务条件下准确性的差异情况，探讨不同数感水平的儿童数量表征的差异性，对高低数感水平的儿童在 NP 任务中的绝对误差百分比（PAE）进行差异分析，绝对误差百分比的统计分析结果如表 4.2 所示：

表 4.2　两组被试在 NP 任务中 PAE 的差异分析

任务条件	组别	*N*	*M*	*SD*	*t*
0—100	高数感组	65	8.14%	0.057	−4.257***
	低数感组	62	13.62%	0.071	
0—1000	高数感组	65	10.25%	0.045	−2.106*
	低数感组	62	15.47%	0.053	

注：$^*p<0.05$，$^{**}p<0.01$，$^{***}p<0.001$，以下同。

从表中可以看出，在 0—100 任务条件下，高数感组被试的平均绝对误差百分比为 8.14%，低数感组被试的平均绝对误差百分比为 13.62%。*t* 检验结果显示，高低数感两组被试的平均绝对误差百分比存在显著的差异（$p<0.001$）。在0—1000任务条件下，高数感组被试儿童的平均绝对误差百分比为10.25%，低数感组被试的平均绝对误差百分比为15.47%。t检验结果显示，高低数感两组被试的平均绝对误差百分比存在显著差异（$p<0.05$）。

（二）被试在不同NP任务条件下的表现

为了考察被试在0—100和0—1000两种任务条件下准确性的差异情况，探讨儿童在不同任务条件下数量表征的差异性，对儿童在0—100和0—1000两种任务条件下的绝对误差百分比（PAE）进行差异分析，绝对误差百分比的统计分析结果如表4.3所示：

表4.3　两种任务条件下被试PAE的差异分析

任务条件	*N*	*M*	*SD*	*t*
0—100	127	10.58%	0.062	−2.914**
0—1000	127	13.26%	0.084	

从表中可以看出，在0—100任务条件下，被试的平均绝对误差百分比为10.58%；在0—1000任务条件下，被试的平均绝对误差百分比为13.26%。t检验结果显示，被试在0—100和0—1000两种任务条件下的平均绝对误差百分比存在显著的差异（$p<0.01$）。

（三）不同年龄被试在NP中的表现

为了考察不同年龄被试在0—100和0—1000两种任务条件下准确性的差异情况，探讨8—10岁儿童在不同任务条件下数量表征的年龄特点和发展趋势，以年龄为自变量，以被试在NP任务中的绝对误差百分比（PAE）为因变量，对测量所得的数据进行单因素方差分析。

在方差分析之前，采用Levene检验的方法对数据的方差齐性进行检验，检验结果表明各组数据的方差不存在显著性差异，表明数据满足方差齐性的要求，可以对所得数据进行方差分析，各年龄组被试的绝对误差百分比的统计分析结果如表4.4所示：

表 4.4　被试在 NP 任务中 PAE 的年龄差异分析

任务条件	年龄	*N*	*M*	*SD*	*F*
0—100	8 岁	37	13.41%	0.072	30.097***
	9 岁	48	11.57%	0.046	
	10 岁	42	9.62%	0.051	
0—1000	8 岁	37	18.74%	0.074	9.851***
	9 岁	48	15.65%	0.048	
	10 岁	42	11.93%	0.063	

从表中可以看出，8—10 岁被试在 0—100 和 0—1000 两种任务条件下的平均绝对误差百分比的方差检验都达到了显著性水平，表明被试在 0—100 和 0—1000 两种任务条件下的数量表征的准确性存在显著的年龄差异。为了进一步明确到底哪几个年龄段之间存在显著差异，采用最小显著差异的检验方法，对所得到的各均值进行事后多重比较。各均值之间的配对比较检验结果表明，在 0—100 和 0—1000 两种 NP 任务条件下，被试的绝对误差百分比在各年龄段之间差异显著，被试的绝对误差百分比随年龄发展变化的趋势如图 4.6 所示。

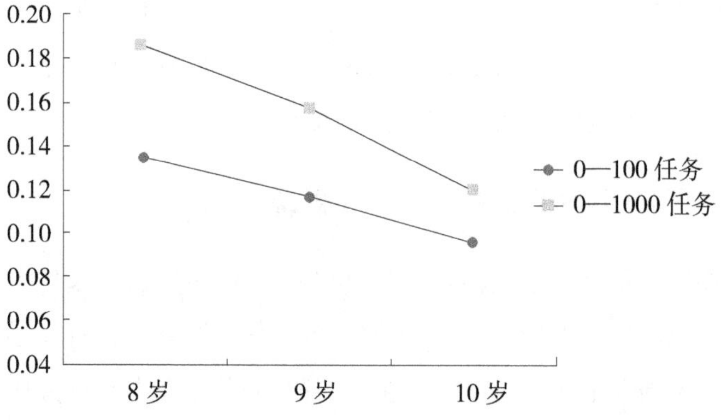

图 4.6　被试 PAE 随年龄发展变化的趋势图

上图表明，被试在 0—100 和 0—1000 两种任务条件下的平均绝对误差百分比随年龄的增长而不断减小，表明儿童数量表征的准确性随年龄的增长而不断提高。

（四）两组被试在 NP 中表征模式的差异分析

为了对高低数感两组被试在 0—100 和 0—1000 两种任务条件下所采用的数量表征模式有一个整体了解，考察两组被试在不同任务条件下数量表征模式的差异情况，以实验中实际呈现的数值为自变量，以被试在数字线上标记位置所代表数值的中位数为因变量（选择中位数而不是平均数作为因变量是因为中位数在反映数据的集中趋势时不受极端值的影响，这就排除了极端值对数据分析的干扰），对被试在两种任务条件下数量表征的情况进行了线性函数和对数函数曲线拟合分析（因为在对数函数 $y=\ln(x)$ 中，x 的取值不能等于 0，所以为了避免在进行对数函数形式的曲线拟合时数据中出现 0，在所有自变量和因变量值的原有基础之上都加 1，然后再进行曲线拟合分析）。

1. 两组被试在不同任务条件下数量表征模式的差异分析

（1）两组被试在 0—100 任务条件下数量表征模式的差异分析

拟合的曲线与测量数据的接近程度称为拟合曲线对数据的拟合优度，各测量数据点越是紧密围绕在拟合曲线的周围，说明拟合曲线对测量数据的拟合程度越好，反之则越差。判定系数 R^2 就是用以评价各模型拟合优度的统计量，它测度了曲线对实际测量数据的拟合程度，若所有测量数据都落在所拟合的曲线上，$R^2=1$，拟合是完全的；如果因变量 y 的变化与自变量 x 无关，则 $R^2=0$，所以 R^2 越接近于 1，曲线与实际测量数据的拟合程度就越好，R^2 越接近于 0，则曲线与实际测量数据的拟合效果就越差。要比较哪一种模型对测量数据的拟合程度更好，就是要对两个模型的判定系数 R^2 进行比较。

对高低数感两组被试在 0—100 任务条件下数量表征的情况进行线性函数和对数函数的曲线拟合和检验分析。统计分析结果表明，高数感水平组被试的数量表征模式更好地拟合了线性函数（$R^2_{lin}=0.964$），而不是对数函数（$R^2_{log}=0.811$）；而低数感水平组被试的数量表征模式则更好地拟合了对数函数（R^2_{log}=0.901），而不是线性函数（R^2_{im}=0.755），即在 0—100 任务条件下，高低数感两组被试的数量表征模型存在显著差异，高低数感两组被试在 0—100 任务条件下线性函数和对数函数两种数量表征模式的曲线拟合如图 4.7 和图 4.8 所示。

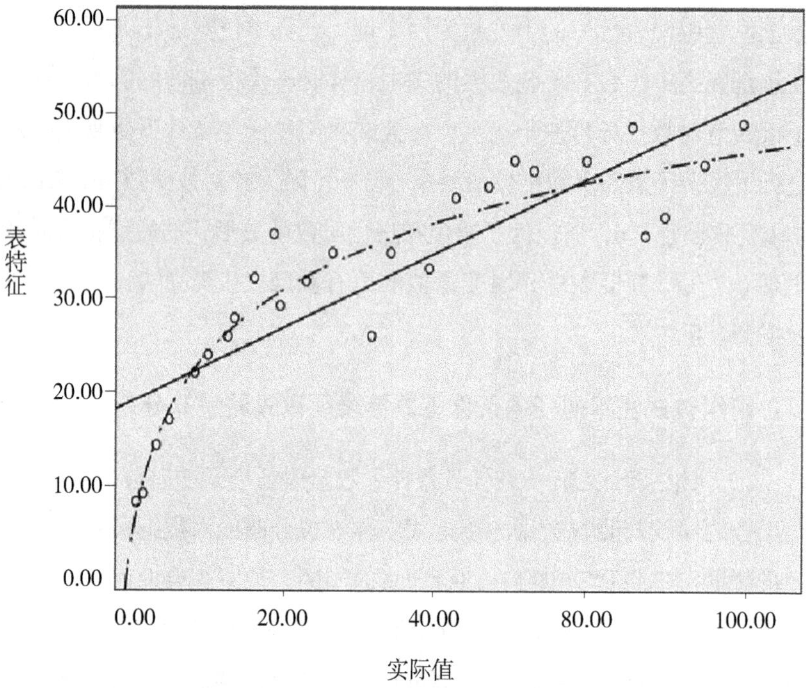

图 4.7　低数感被试在 0—100 条件下数量表征模式曲线拟合图

图 4.7 表明，在 0—100 任务条件下，低数感组被试数量表征模式的线性拟合函数模型的数学表达式为 y=0.346x+19.699，对数拟合函数的数学表达式为 y=11.242lnx−3.811，低数感组被试实际测量数据的值更紧密地围绕在拟合对数曲线的周围，表明对数拟合函数与低数感组被试实际测量数据点的接近程度更高。

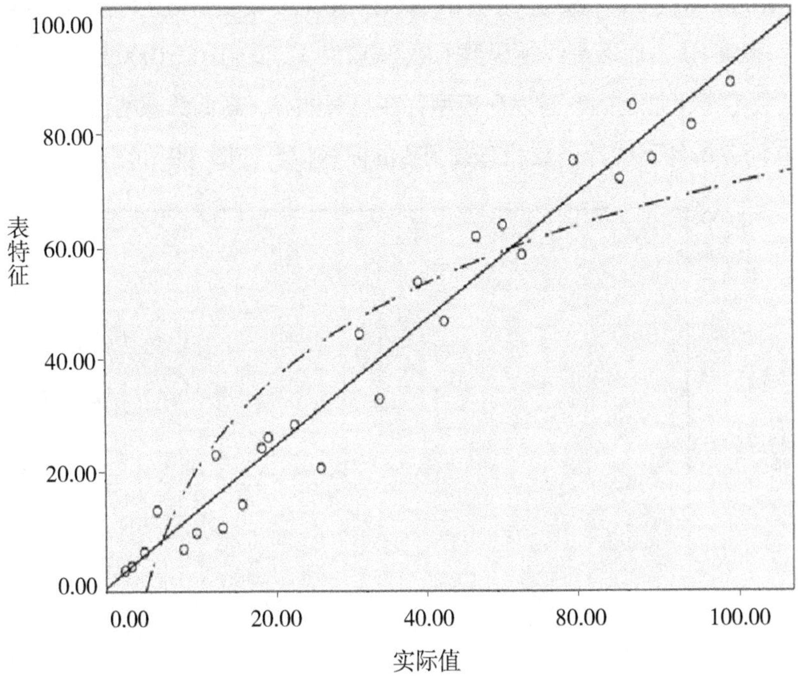

图 4.8 高数感被试在 0—100 条件下数表征模式曲线拟合图

图 4.8 表明，在 0—100 任务条件下，高数感组被试数量表征模式的线性拟合函数模型的数学表达式为 y=0.981x+0.613，对数拟合函数的数学表达式为 y=26.759ln$x$−48.823，高数感组被试实际测量数据的值更紧密地围绕在拟合直线的周围，表明线性拟合函数与高数感组被试实际测量数据点的接近程度更高。

综合以上分析结果，可以看出，在 0—100 任务条件下，高数感组被试的数量表征模式更好地拟合了线性函数，而低数感组被试的数量表征模式更好地拟合了对数函数，即高数感组被试以线性函数的模式进行数量表征，而低数感组被试以对数函数的模式进行数量表征。

（2）两组被试在 0—1000 任务条件下数量表征模式的差异分析

对高低数感两组被试在 0—1000 任务条件下数量表征的情况进行线性函数和对数函数的曲线拟合和检验分析。统计分析结果表明，高数感组被试的数量表征模式更好地拟合了线性函数（R^2_{lim}=0.963），而不是对数函数（R^2_{log}=0.834）；低数感组被试的数量表征模式更好地拟合了对数函数（R^2_{log}=0.961），而不是线性函数（R^2_{lim}=0.788），即在0—1000任务条件下，高低数感两组被试的数量表征模型存在显著差异，高低数感两组被试在0—1000任务条件下线性函数和对数函数的曲线拟合如图4.9和图4.10所示。

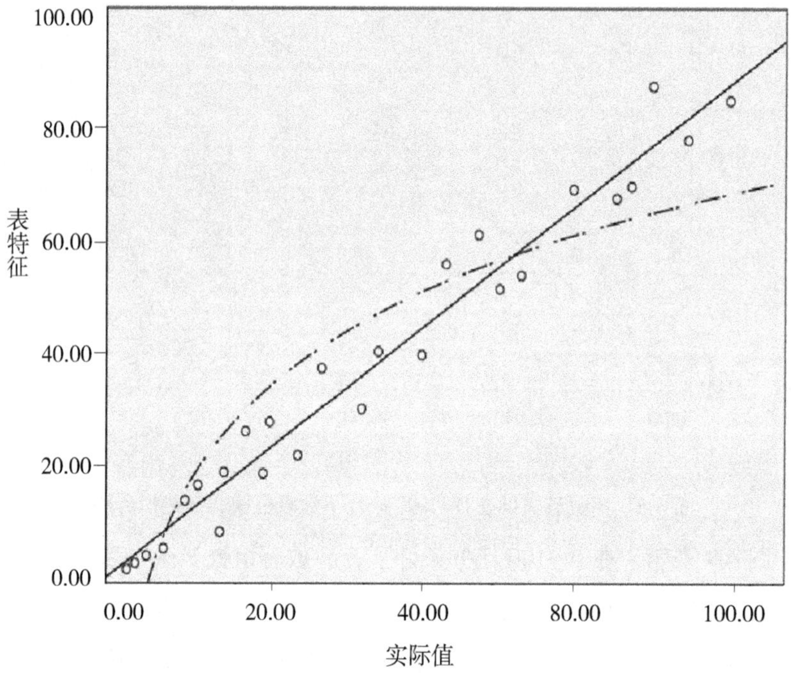

图4.9　高数感被试在0—1000条件下数量表征模式曲线拟合图

图4.9表明，在0—1000任务条件下，高数感组被试数量表征模式的线性拟合函数模型的数学表达式为y=0.934x+11.058，对数拟合函数的数学表达式为y=263.356ln$x$−1096.625，高数感组被试实际测量数据的值更紧密地围绕在拟合直线的周围，表明线性拟合函数与高数感组被试实际测量数据点的接近程度更高。

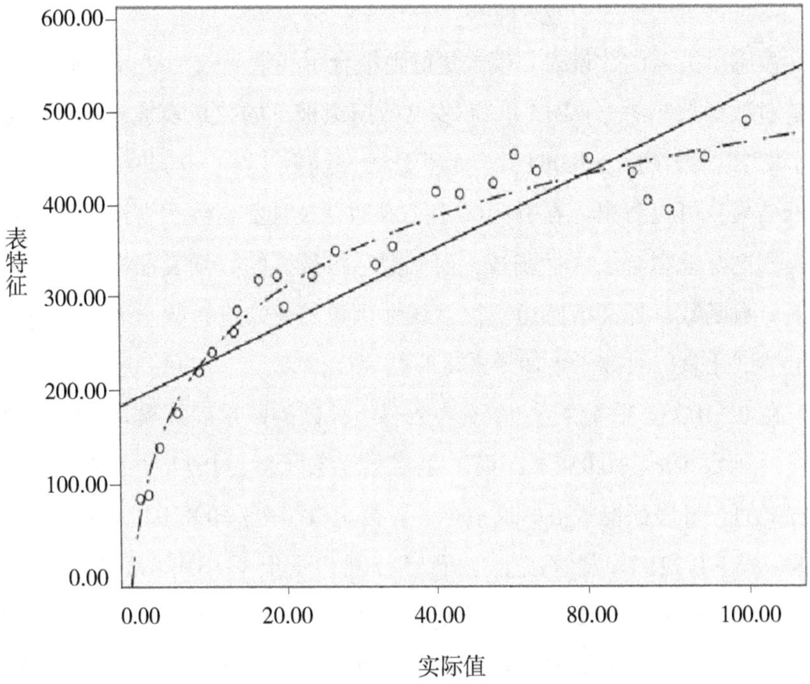

图 4.10　低数感被试在 0—1000 条件下数量表征模式曲线拟合图

图 4.10 表明，在 0—1000 任务条件下，低数感组被试数量表征模式的线性拟合函数模型的数学表达式为 $y=0.352x+196.818$，对数拟合函数的数学表达式为 $y=117.913\ln x-326.723$，而低数感组被试实际测量数据的值更紧密地围绕在拟合对数曲线的周围，表明对数拟合函数与低数感组被试实际测量数据点的接近程度更高。

综合以上分析结果，可以看出，在 0—1000 任务条件下，高数感组被试的数量表征模式更好地拟合了线性函数，而低数感组被试的数量表征模式更好地拟合了对数函数，即高数感组被试以线性函数的模式进行数量表征，而低数感组被试以对数函数的模式进行数量表征。

2. 两组被试表征模式的年龄差异分析

（1）两组被试在 0—100 任务条件下数表征模式的年龄差异分析

对不同年龄高低数感两组被试在 0—100 任务条件下数量表征的情况进行了线性函数和对数函数的曲线拟合和检验分析。统计分析结果表明，8

岁高数感组被试的数量表征模式更好地拟合了线性函数（R^2_{lim}=0.902），而不是对数函数（R^2_{log}=0.815）；8 岁低数感组被试的数量表征模式更好地拟合了对数函数（R^2_{log}=0.904），而不是线性函数（R^2_{lim}=0.713）。根据以上分析结果，可以看出，在 0—100 任务条件下，8 岁高数感组被试的数量表征模式更好地拟合了线性函数，而低数感组被试的数量表征模式更好地拟合了对数函数，即高数感组被试以线性函数的模式进行数量表征，而低数感组被试儿童以对数函数的模式进行数表征。

在 0—100 任务条件下，9 岁高数感组被试的数量表征模式更好地拟合了线性函数（R^2_{lim}=0.958），而不是对数函数（R^2_{log}=0.776）；9 岁低数感组被试的数量表征模式更好地拟合了对数函数（R^2_{log}=0.891），而不是线性函数（R^2_{lim}=0.721）。根据以上分析结果，可以看出，在 0—100 任务条件下，9 岁高数感组被试的数量表征模式更好地拟合了线性函数，而低数感组被试的数量表征模式更好地拟合了对数函数，即高数感组被试以线性函数的模式进行数量表征，而低数感组被试以对数函数的模式进行数量表征。

在 0—100 任务条件下，10 岁高数感组被试的数量表征模式更好地拟合了线性函数（R^2_{lim}=0.991），而不是对数函数（R^2_{log}=0.713）；10 岁低数感组被试的数量表征模式更好地拟合了对数函数（R^2_{log}=0.876），而不是线性函数（R^2_{lim}=0.742）。根据以上分析结果，可以看出，在 0—100 任务条件下，10 岁高数感组被试的数量表征模式更好地拟合了线性函数，而低数感组被试的数量表征模式更好地拟合了对数函数，即高数感组被试以线性函数的模式进行数量表征，而低数感组被试以对数函数的模式进行数量表征。

为了考察不同年龄被试在 0—100 任务条件下数量表征模式的差异情况，探讨 8—10 岁高低数感两组被试在 0—100 任务条件下数量表征的年龄特点和发展规律，以年龄为自变量，以拟合函数的判定系数为因变量，对 8—10 岁高低数感两组被试线性函数和对数函数拟合程度的发展趋势进行分析，两组被试数量表征模式随年龄发展变化的趋势如图 4.11 和图 4.12 所示。

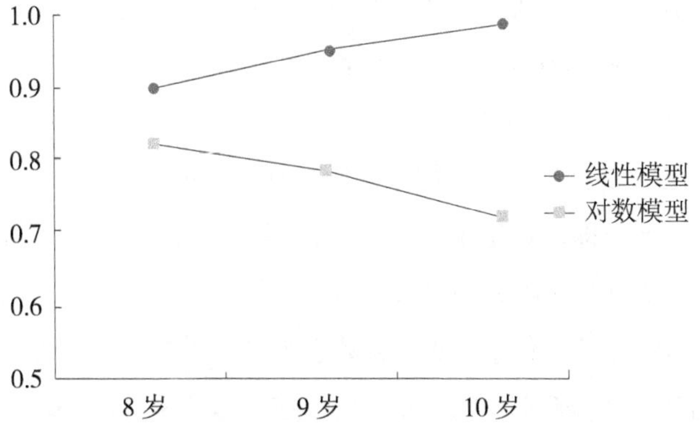

图 4.11 0—100 任务条件下高数感组被试数量表征模式发展的年龄趋势图

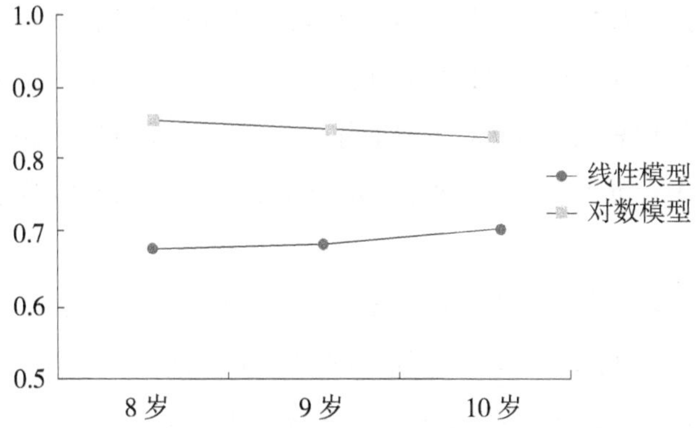

图 4.12 0—100 任务条件下低数感组被试数量表征模式发展的年龄趋势图

图 4.11 和图 4.12 表明，在 0—100 任务条件下，高、低数感组被试的线性函数拟合的判定系数随年龄的增长而逐渐增大，而对数函数拟合的判定系数随年龄的增长而逐渐减小，表明儿童数量表征模式的发展是一个由对数表征方式向线性表征方式转化的发展过程，但是高、低数感儿童的发展和转化速度并不相同，高数感儿童的发展和转化速度大于低数感儿童的发展和转化速度，表明低数感儿童的转化要比高数感儿童慢。

（2）两组被试在 0—1000 任务条件下数量表征模式的年龄差异分析

对不同年龄高、低数感两组被试在 0—1000 任务条件下数量表征的情况进行线性函数和对数函数的曲线拟合和检验分析。统计分析结果表明，8 岁高数感组被试的数量表征模式更好地拟合了线性函数（R^2_{lim}=0.896），而不是对数函数（R^2_{log}=0.775）；8 岁低数感组被试的数量表征模式更好地拟合了对数函数 R^2_{log}=0.965），而不是线性函数（R^2_{log}=0.753）。根据以上分析结果，可以看出，在 0—1000 任务条件下，8 岁高数感组被试的数量表征模式更好地拟合了线性函数，而低数感组被试的数量表征模式更好地拟合了对数函数，即高数感组被试以线性函数的模式进行数量表征，而低数感组被试儿童以对数函数的模式进行数表征。

在 0—1000 任务条件下，9 岁高数感组被试的数量表征模式更好地拟合了线性函数（R^2_{lim}=0.931），而不是对数函数（R^2_{log}=0.702）；9 岁低数感组被试的数量表征模式更好地拟合了对数函数（R^2_{log}=0.948），而不是线性函数（R^2_{lim}=0.772）。根据以上分析结果，可以看出，在 0—1000 任务条件下，9 岁高数感组被试的数量表征模式更好地拟合了线性函数，而低数感组被试的数量表征模式更好地拟合了对数函数，即高数感组被试以线性函数的模式进行数量表征，而低数感组被试以对数函数的模式进行数量表征。

在 0—1000 任务条件下，10 岁高数感组被试的数量表征模式更好地拟合了线性函数（R^2_{lim}=0.984），而不是对数函数（R^2_{log}=0.658）；10 岁低数感组被试的数量表征模式更好地拟合了对数函数（R^2_{log}=0.932），而不是线性函数（R^2_{lim}=0.791）。根据以上分析结果，可以看出，在 0—1000 任务条件下，10 岁高数感组被试的数量表征模式更好地拟合了线性函数，而低数感组被试的数量表征模式更好地拟合了对数函数，即高数感组被试以线性函数的模式进行数量表征，而低数感组被试以对数函数的模式进行数量表征。

为了考察不同年龄被试在 0—1000 任务条件下数表征模式的差异情况，探讨 8—10 岁高、低数感两组被试在 0—1000 任务条件下数量表征的年龄特点和发展规律，以年龄为自变量，以拟合函数的判定系数为因变量，对 8—10 岁高、低数感两组被试线性函数和对数函数拟合程度的发展趋势进行分析，两组被试数量表征模式随年龄发展变化的趋势如图 4.13 和图 4.14 所示。

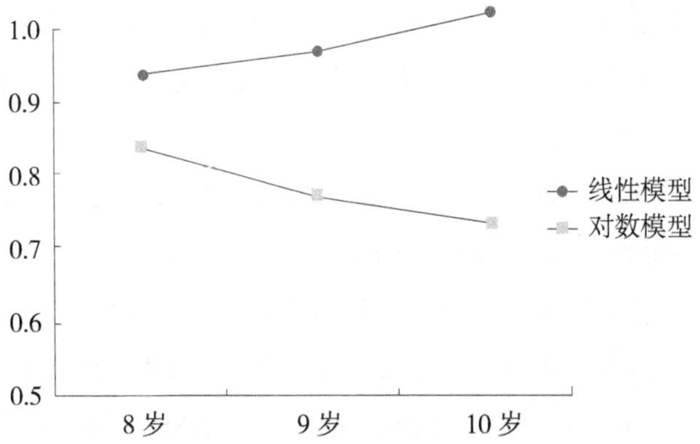

图 4.13　0—1000 任务条件下高数感组被试数量表征模式发展的年龄趋势图

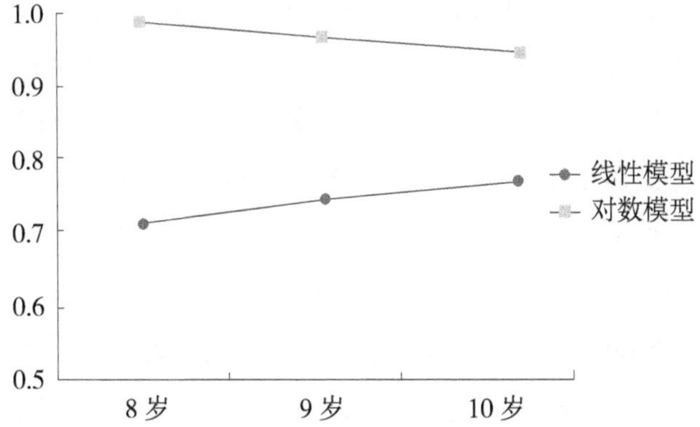

图 4.14　0—1000 任务条件下低数感组被试数量表征模式发展的年龄趋势图

图 4.13 和图 4.14 表明，在 0—1000 任务条件下，高、低数感组被试的线性函数拟合的判定系数随年龄的增长而逐渐增大，而对数函数拟合的判定系数随年龄的增长而逐渐减小，表明儿童数量表征模式的发展是一个由对数表征方式向线性表征方式转化的发展过程，但是高、低数感儿童的发展和转化速度并不相同，高数感儿童的发展和转化速度大于低数感儿童的发展和转化速度，表明低数感儿童的转化要比高数感儿童慢。

四、不同数感水平儿童数量表征的差异性

本研究采取 NP 任务，分别让不同数感水平儿童确定数字在数字线上

的位置。以高低数感两组被试在 0—100 和 0—1000 两种任务条件下的绝对误差百分比为指标，考察不同数感水平儿童数量表征的准确性，探讨不同数感水平儿童数表征的差异性。

Halberda、Mazzocco 和 Feigenson（2008）提出，数感是由人心理内部的近似数表征系统（Approximate Number System，ANS）所产生的，近似数表征系统是数感产生的心理基础。近似数表征系统可以对数量进行非语义（non-verbal）的近似表征，是在长期的生物进化过程中所形成的一种数量表征系统。通过对儿童近似数表征系统精确性（ANS precision）研究发现，不同数感水平儿童的近似数表征系统精确性存在较大差异，数感水平较高的儿童其近似数表征系统的精确性程度相对较高，对数量的表征较为准确；而数感水平较低的儿童其近似数表征系统的精确性程度相对较低，对数量的表征的准确性不高。本实验的研究结果发现，高低数感两组被试的平均绝对误差百分比存在显著差异，高数感组被试的平均绝对误差百分比显著低于低数感组被试的平均绝对误差百分比，表明儿童数感与数量表征系统的精确性具有非常密切的关系，这也与已有的一些研究结果是一致的，例如潘星宇等（2009）提出数量表征是产生数感的心理基础，数感是建立在个体对数量表征的基础之上的。同时，陈丽兰（2008）指出提高数量表征系统的准确性可以有效提高儿童的数感发展水平，并且相关实验研究结果也表明，儿童数量表征准确性的提高可以有效促进其数感水平的发展（张隽，2009），这些研究成果为今后儿童数感的培养与干预提供了理论依据与有效途径。

数量表征是数字认知加工的重要过程，而且其表征的准确性会受到表征数量范围的影响。Simms、Muldoon 和 Towse（2013）使用 0—10、0—20 和 0—100 三种不同数量范围的数字线对 4—7 岁儿童数量表征的准确性进行了研究，发现儿童在 3 种任务条件下的绝对误差百分比存在显著差异，儿童在 0—100 任务条件下的绝对误差百分比显著高于在 0—10 和 0—20 两种任务条件下的绝对误差百分比。Laski 等（2014）使用 0—100 和 0—1000 两种不同数量范围的数字线对儿童数量表征的准确性进行了研究，发现儿童在0—100和0—1000两种实验任务条件下的绝对误差百分比存在显著差异，儿童在0—1000任务条件下的绝对误差百分比显著高于在0—100任务条件下的绝对误差百分比。这些已有的研究结果表明，数量范围会对个体的数量表征产生影响，随着数量范围的扩大，个体数量表征的绝对误差百分比也随之增大，其对数量的表征的准确性也随之降低。本实验的研究结果发现，被试在两种任务条件下的绝对误差百分比存在显著的差异，0—1000任务条件下的绝对误差百分比显著高于0—100任务条件下的绝对误差百分比，表明儿童数量表征受到数量范围的显著影响，并且随着数量范围的扩大，高、低数感儿童数量表征的差异性也随之增大。

本研究采用NP任务，以不同年龄被试在0—100和0—1000两种任务条件下的绝对误差百分比为指标，考察不同年龄儿童数量表征的差异性，探讨儿童数量表征的年龄发展特点。Petitto（1990）最先对儿童数量表征发展的年龄特点和趋势进行了研究，他采用0—10和0—100数字线NP任务对小学一年级到三年级儿童数量表征发展的年龄特点和规律进行了研究，发现随着年龄的增长，儿童在0—10数字线NP任务中的绝对误差百分比从一年级的14%逐渐降低到了三年级的4%，在0—100数字线NP任务中的绝对误差百分比从一年级的19%逐渐降低到了三年级的8%，表明儿童数量表征的准确性随着年龄的增长而不断提高。本实验的研究结果发现，在0—100和0—1000两种NP任务条件下，被试的绝对误差百分比随年龄的增长而不断减小，表明儿童数量表征的准确性随年龄的增长而不断提高，本研究所发现的儿童数量表征发展的年龄特点和趋势与已有的关于儿童数量表征发展的研究结果是一致的。例如，Siegler等人（2003）采用0—100和0—1000数字线NP任务对6岁和8岁儿童数量表征发展的年龄特点进行了研究，他们发现在两种数字线任务条件下，儿童在NP任务中的绝对误差百分比随着年龄增长而逐渐降低，表明儿童数量表征的准确性随着年龄的增长而不断提高。在随后的研究中，他们不断扩大研究对象的年龄范围，对幼儿、小学儿童和成人等的数量表征发展的年龄特点和趋势进行了广泛而深入的研究，最后发现，随着年龄的不断增长，个体数量表征的绝对误差百分比呈现出不断降低的趋势，表明个体数量表征的准确性随着年龄的增长而不断提高（Booth、Siegler，2006）。

五、不同数感水平儿童数量表征模式的差异性

针对儿童数量表征的方式，不同的学者提出了不同的理论模型，其中对数表征模型（logarithmic representation model）和线性表征模型（linear representation model）是两种最具代表性的理论。对数表征模型认为儿童对数量只能进行近似的、非精确的表征，因而对数量的表征是不准确的（Dehaene，2003）。而线性表征模型认为儿童可以对数量进行精确的表征，因而对数量的表征是准确的（Case、Okamoto，1996）。Geary 等人（2007）使用 NP 任务对一般数学学业水平儿童和 MLD 儿童的数量表征的准确性进行了考察，其研究结果发现，在完成 0—100 范围的 NP 任务时，一般数学学业水平儿童主要采用线性模式对数量进行表征，而 MLD 儿童则主要采用对数模式对数量进行表征。本实验的研究结果发现，在相同 NP 任务条件下，高、低数感儿童的数量表征方式存在显著差异，高数感儿童主要以线性模式对数量进行表征，而低数感儿童则主要以对数模式对数量进行表征。Opfer 和 Siegler （2007）提出个体数量表征模式的差异性主要受到个体策略使用的影响。计数是幼儿进行数量表征时常用的策略，幼儿可以采用多种方式计数，如幼儿可以沿着数字线从左向右正向计数，或者沿着数字线从右向左反向计数，也可以从中间向左右两个方向计数，能灵活应用计数策略的 5 岁幼儿可以对数量进行精确的线性模式表征。参考点(reference points） 是儿童进行数量表征时常用的策略，儿童在完成 NP 任务时，可以将数字线划分成若干个相等的部分，并以此作为参考点对被表征的数字进行数量表征。Ebersbach 人（2008）考察了在 0—100NP 任务条件下，儿童对各个表征数字的变异程度，研究结果发现儿童对位于 0、100、50、25、75 等端点和分点附近数字表征的准确性要高于对其他数字表征的准确性，表明儿童在进行数量表征时确实会受到策略使用的影响。在本研究中，高

数感儿童主要以线性模式对数量进行表征，而低数感儿童则主要以对数模式对数量进行表征，表明高数感儿童在对数量进行表征时，根据被表征数字的特点，会灵活使用有效的策略对数字进行表征，所以其主要以线性模式对数量进行表征，而低数感儿童在对数量进行表征时，不能灵活使用策略对数字进行表征，所以其主要以对数模式对数量进行表征，这一研究结果为儿童数感的培养与干预提供了方法与路径。Siegler（2009）通过对低收入家庭孩子进行策略干预，发现干预可以有效促进其数量表征能力的发展。因为数量表征与数感具有密切联系，所以对低数感儿童进行适当的策略干预也可以在一定程度上提高儿童数感水平的发展。

Siegler 和 Booth（2004）对幼儿和小学儿童数量表征模式的发展过程进行了考察，发现幼儿和小学儿童数量表征模式的发展是一个从对数表征模型向线性表征模型逐渐转化的过程，在这个过程中，儿童对数字表征的准确性也逐渐得到了提高。本实验的研究结果发现，在相同 NP 任务条件下，儿童数量表征模式的发展是一个由对数表征方式向线性表征方式变化的发展过程，但是低数感儿童的转化要比高数感儿童慢，这个结果与已有的相关研究结果是一致的。Siegler 等人（2009）使用不同数量范围的 NP 任务对儿童数量表征模式的发展过程进行了探究，研究发现在相同数量范围条件下，个体数量表征模式由对数模式或对数与线性相混合的模式逐渐向线性模式转变。针对儿童数量表征模式发展变化的原因，不同的学者提出了不同的理论解释，其中单一表征理论（single representation theory）和多重表征理论（multiple representation theory）是两种最具代表性的理论。单一表征理论认为不同年龄的儿童会使用不同的表征模式对数量进行表征，但是某一特定年龄的儿童只能使用一种表征模式对数量进行表征，而不能在同一年龄阶段使用多种表征模式（Ashcraft、Moore，2012）。与单一表征理论不同，多重表征理论认为不论儿童处于哪个年龄阶段，他们都理解并可以应用多种表征模式对数量进行表征。儿童具体会应用哪一种表征模式主要取决于特定的问题和情境。当儿童应用不同的表征模式对不同问题和情境中的数字进行表征时，逐渐积累了与问题和情境相关的数量表征经验，随着经验的不断获得和增长，儿童就会选择更加适合具体问题和情境的数量表征模式（Siegler，1996）。

在本研究中，高数感儿童因为获得了表征模式与问题情境适应性的相关经验，所以可以较快地完成表征模式的转变，而低数感儿童缺乏表征模式与问题情境适应性的相关经验，所以只能重复使用已有的表征模式对数量进行表征，不能较快地完成已有表征模式向新的表征模式的转化过程。Siegler 等人（2008）指出在儿童进行数量表征时，及时给予反馈可以有效促进儿童表征模式的转化与发展，当儿童所使用的数量表征模式与问题情境不相符合时，个体就会对其使用的表征模式进行适当的调整以适应具体的问题情境，如果这时可以得到及时的反馈，那么儿童就会改变已有的数量表征模式，逐渐以新的表征模式对数量进行表征。反馈可以帮助儿童明确认识已有表征模式的局限性以及新模式的适用性，并把新的表征模式应用到更广泛的问题情境中去。Slusser 和 Santiago（2013）对在 0—1000NP 任务中使用对数表征模式的二年级儿童进行了训练和干预，研究结果表明，虽然只对儿童在数量表征过程中的表现给予了局部反馈，但是其数量表征模式却发生了由对数模式向线性模式的快速转变，这也为儿童数感的培养与干预提供了借鉴与参考，低数感儿童数量表征模式的转变较慢，如果能在其数量表征过程中给予一定的反馈，就可以在一定程度上促进其数量表征模式的发展和转变。

六、小结

本研究采用心理测验和行为实验相结合的方法探讨儿童数感的认知机制。首先，使用自编的儿童数感评定量表，以儿童数感评定量表的得分为标准，把被试划分为高数感和低数感两组。然后，对不同数感水平儿童在实验中的数量表征结果进行数据拟合，建立高、低数感儿童数量表征的数学模型，通过高数感水平儿童与低数感水平儿童数量表征模式的比较，揭示不同数感水平儿童数量表征模式上的差异性和发展特点。通过对儿童数感认知机制的研究，得出以下结论：

（1）在0—100和0—1000两种NP任务条件下，低数感组儿童的绝对误差百分比都显著高于高数感组儿童的绝对误差百分比，表明高数感组儿童对数量表征的准确性比低数感组儿童更高。

（2）在0—100和0—1000两种NP任务条件下，被试的绝对误差百分比随年龄的增长而不断减小，表明儿童的数量表征的准确性随年龄的增长而不断提高。被试在两种任务条件下的绝对误差百分比存在显著的差异，表明儿童数量表征受到数量范围的影响。

（3）在相同NP任务条件下，高、低数感儿童的数量表征方式存在显著差异，高数感儿童主要以线性模式对数量进行表征，而低数感儿童则主要以对数模式对数量进行表征，儿童数量表征模式的发展是一个由对数表征方式向线性表征方式转化的发展过程，但是低数感儿童的转化速度要比高数感儿童慢。

第五章　儿童数感的脑机制

儿童数感的形成与发展具有一定的生理基础，探讨儿童数感发展的脑机制，不仅有利于更加深刻地认识数感的本质，还为儿童数感的培养提供了理论保障和基础。本研究采用心理测验和脑电实验相结合的方法探讨不同数感水平儿童脑机制的特征和差异。在实验过程中，将儿童数感评定量表与事件相关电位（ERPs）技术相结合，首先，使用自编的儿童数感评定量表，把被试划分为高数感和低数感两组儿童。然后，采集被试脑电成分的各项数据和指标，对不同数感水平儿童在数字加工过程中表现出的心理效应进行分析，揭示不同数感水平儿童的脑机制特征和差异。

一、问题提出

FMRI、ERP 和 PET 的脑成像研究表明，位于大脑顶叶的顶内沟（IPS）是数感加工的主要区域，IPS 可以对模拟的数量表征进行神经编码。

（一）数感激活的脑区

对脑损伤病人和患有各种数学障碍患者的研究表明，顶内沟是表征数量意义的重要脑区。Levy（1999）对一个智商和阅读能力都很高，但患有终身计算障碍的患者进行了磁共振频谱分析（MR spectroscopy），发现患者大脑的左顶叶区域存在代谢异常。Isaacs（2001）对这一现象进行了更加深入的研究，他使用基于体素的形态学测量方法（voxel-based morphometry）分析计算障碍患者的灰质密度，发现这些患者的左顶叶的灰质明显偏少。

Bruandet等人（2004）对一组患有Turner综合征的女性患者进行了研究，Turner综合征患者的X染色体存在先天异常，并且常常伴有数字技能发展的缺陷。他设置了在年龄、性别和教育背景等方面和Turner综合征患者都相同的控制组，使用基于体素的形态学测量方法分析Turner综合征患者的灰质密度，发现这些患者在左顶叶深处的灰质明显偏少。对皮质沟的形态分析表明，Turner综合征患者右顶内沟的长度和深度都比控制组的正常女性要小，而且脑成像研究也表明，在进行简单算术任务时，Turner综合征患者IPS的激活程度与控制组也存在明显差异。这与上面提到的Levy的研究结果完全一致。这些研究表明，大脑顶部皮层（parietal cortex）受损的患者会丧失对数字意义的理解能力。与此研究形成对比的是，顶叶皮层完好，而其他脑区域受到损伤时，会丧失记忆算术事实的能力，而理解数字意义的能力却没有受到任何影响。

Nieder和Dehaene（2009）的研究揭示了数在IPS中表征和编码的基本过程，如图5.1所示，首先，刺激被编码为高斯分布的激活形式输入到模拟视网膜（simulating retina）上，完成对刺激的数量编码（quantiy code）。其次，数量编码被映射到客体位置地形图上，在这里不同大小的数量编码被标准化，转换成与大小无关的位置编码，不断增多的位置编码会进行聚集和叠加，最后在位置地形图上被集中激活。然后，被激活的信号会传递到数量识别地图形成最后的数表征，因为不同的数神经细胞簇具有中心激发和侧抑制的特点，所以不同的数神经细胞簇只选择激活信号范围内特定的值做出反应，神经细胞簇会对信号进行峰值调谐（peaked tuning）以形成一个最佳的数量表征，造成神经细胞的最大放电，最后形成一个最佳的数表征形式。

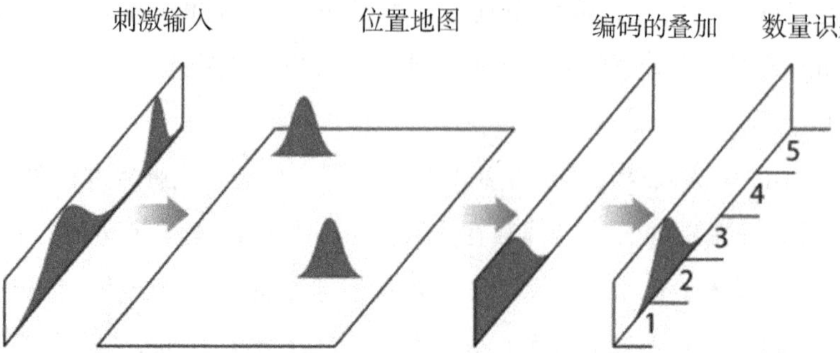

图 5.1　数神经元编码的过程 (Nieder、Dehaene, 2009)

现代电生理学的研究更进一步地揭示了 IPS 中神经元在数量加工中的激活规律。Sawamura、Shima 和 Tanji（2002）训练猴子交替完成两种动作各 5 次。通过对上顶叶（superior parietal lobule）皮层细胞电活动的观察，发现上顶叶区域中有 34% 的细胞被激活，而且这些细胞只对单一的数字进行加工，细胞的激活会随着数字距离的增大而减小。所以当对数量 5 进行表征时，负责对数量 5 进行表征的神经细胞会优先被激活，而负责其他数量加工的神经元的激活程度则很小。Nieder 和 Miller（2003，2004）通过对灵长类动物数量表征的研究，发现了数神经细胞对基数的表征和调谐，并对其神经元调谐曲线（neurons' tuning curves）做了致密分析，揭示了神经元活动和数量表征之间深刻的规律。他们训练恒河猴进行样本匹配任务（match-to-sample task），恒河猴首先接受一个数量为 1 ～ 5 的数刺激，接着它需要判断后一个数刺激与前一个在数量上是否相一致。实验结果表明恒河猴大脑前额皮质（PFC）和顶内沟基底部（fundus of the IPS，F-IPS）的神经细胞对给定的数量具有选择性。单个的神经细胞对数刺激产生了很大的放电频率，并且还发现神经细胞放电频率是数刺激差异量的函数。这些神经细胞只对特定的数值大小产生放电反应，与非数量的刺激属性（如周长、表面积和密度）无关。随着数量的增加，数神经元的频率调谐曲线的频带宽度（bandwidth）也随之增大。ERP 的研究表明，PFC 和 IPS 这两个区域对数加工的潜伏期存在差异，PFC 的潜伏期有 120 ms，而 IPS 的潜伏期却只有 80 ms，比 PFC 的潜伏期短，所以数量表征是首先在 IPS 中进行的，继而又提取传递到了 PFC 区域（Nieder、Merten ，2007）。数神经细胞激活的潜伏期与被表征的数量无关，证明了数感神经元编码模型的平行加工机制。数神经细胞调谐曲线的波幅很宽，这表明数感的神经编码是近似的，而且其波宽与被表征数的大小成正比。虽然神经调谐曲线在线性标尺上（linear scale）是不对称的，但是在对数标尺下，神经调谐曲线的形状与高斯曲线的形状相一致，这表明数感的神经元编码是以压缩的对数形式进行的（Nieder，2013）。

（二）数感脑区的激活特点

第一，IPS 的激活受到数字任务类型的影响。在算术计算任务中，当任务的难度被严格控制时，被试在估算任务中 IPS 出现了系统的激活，而在精算任务中 IPS 的激活并不显著（Dehaene et al.，1999）。而且，这种激活受到数量大小的调节，参与运算的数字越大，IPS 的激活程度就越高，激活时间也越长（Stanescu et al.，2000）。

第二，IPS 的激活受到数量间距离的调节（Pinel et al.，2001）。Piazza（2004）使用非符号形式的数作为刺激，使用事件相关适应研究范式（event-related adaptation paradigm），发现当标准的数量刺激反复出现时，被试的血氧相关水平（blood oxygenation level-dependent，BOLD）信号明显下降，而且 BOLD 信号的变化与数量刺激的差异量显著相关。不管是符号形式的阿拉伯数字还是图像形式的圆点集合，都出现了这种激活的调节效应，说明这种激活的调节效应与参与数量比较的数字形式无关。

第三，IPS 还表现出了对数字的特异性反应。在各种量的比较判断任务中，只有在进行数字比较时，IPS 才出现了激活，而在进行其他量（如表示位置和方向的量）的比较时，IPS 并没有被明显激活，这说明 IPS 只涉及数量的加工过程，而不参与其他量的表征和加工（Dehaene et al.，2003）。通过对数字和字母加工的比较研究发现，被试在进行数字加工任务时，IPS 的激活程度要明显大于在进行字母加工任务时的激活程度。这说明字母本身是一个连续的序列，表现出一定的序数性质，因而在加工时

IPS 得到了激活，但是字母与数字相比毕竟缺少数量的意义，因而字母加工时 IPS 的激活程度就要比数字加工时低。这项比较研究表明，IPS 与数字意义的表征和加工过程密切相关（Eger et al.，2003）。

第四，IPS 激活不受数刺激形式和感觉通道的影响。在简单的数辨别任务中，被试接受到阿拉伯数字、语言数词、非符号形式的圆点集合三种形式的数刺激，结果在这三种条件下，IPS 都受到了激活，这表明 IPS 的激活与数刺激的形式无关（Piazza et al.，2002）。进一步的研究还发现，不管是听觉形式的数刺激，还是视觉形式的数刺激，IPS 都受到了激活，这表明 IPS 的激活不受感觉通道的影响（Eger et al.，2003）。

第五，当被试没有意识到所看见的数字符号时，IPS 依然受到了激活。在数字启动实验中，被试被要求比较目标数字与标准数字 5 的大小并做出按键反应，在呈现目标数字前会出现一个启动数字，启动数字的呈现时间很短，被试无法意识到。脑成像的结果表明，IPS 对没有意识到的启动数字出现了激活，而且当启动数字和目标数字一致（如 2—2）时，IPS 的激活程度要比启动数字和目标数字不一致（如 4—2）时低，这个实验结果说明，IPS 对不同数量的表征是由其不同的神经元组织完成的，每一个数量都由 IPS 中与之对应的特定神经元组织负责加工。实验中，启动数字和目标数字不一致时，激活的 IPS 中的神经元组织要比启动数字和目标数字一致时更多，所以前者的 IPS 激活程度要更高。另外，这个实验结果还说明，IPS 能以无意识的方式对数字进行加工（Defever et al.，2011）。

通过对数感脑机制研究的归纳和分析，可以发现虽然实验已经证明顶内沟的水平段是数感加工的主要脑区，但是有关数感的脑定位、脑机制及其工作模型还有待进一步的深化研究。比如，数感的脑区与其他数学脑区激活之间的关系是什么？数感高的个体其大脑工作模型及规律与数感低的个体有何差异？数感与语感定位、脑激活的关系如何？已有的对数感脑机制的研究大多以成人个体作为研究对象，以不同数感水平儿童为研究对象的脑电实验研究还不多见。儿童数学认知功能的形成和发展与儿童大脑的发育成熟密切相关，不同儿童的大脑皮层区域随着年龄增长的发育和成熟的时间和进程是不一致的。如果能对脑结构与数感的关系进行研究，就更能清楚地探究脑结构与数感发展的关系。儿童期是数感发展的关键期，在这个时期个体数感发展非常迅速，对不同数感水平儿童在数字加工过程中表现出的心理效应进行分析，能揭示不同数感水平儿童的脑机制特征和差异，从大脑和神经系统层面加深对儿童数感的认识。所以，不同数感水平儿童的脑机制的差异性问题是本章要解决的主要问题。

二、儿童数感脑机制的研究方法

本实验通过不同数感水平儿童在数量比较任务（number comparison task）中的表现来揭示他们对数量加工的脑机制特征和差异，数量比较任务就是要求被试对两个数的大小做出判断。通过对高低数感水平儿童在数量比较实验中脑电成分的对比，分析高低数感水平儿童在数字加工过程中表现出的心理效应，揭示不同数感水平儿童的脑机制特征和差异。

（一）被试筛选

被试主要选自某普通小学，筛选的步骤和标准与第四章被试筛选中的筛选步骤和标准相同。

最后筛选出两组被试共计 30 名，其中高数感水平的被试 15 名，作为高数感组；低数感水平的被试 15 名，作为低数感组。平均年龄为 11.36 ± 0.42 岁。为了进一步确定分组情况的合理性，对分类后高低数感组被试在数感测验中的分数进行了显著性检验，检验表明高低数感组在总分和各维度得分的差异显著，表明分组是合理的。所有被试都为右利手，其视力正常或矫正视力正常，并且无脑创伤和精神疾病史。整个实验结束后给予每个被试一定的奖励。

（二）实验器材

本研究的脑电实验器材采用德国 Brain products 公司生产的脑电记录

系统，使用 64 导 Ag/AgCl 电极帽记录 EEG，电极导联参照 IFCN 规定的 10–20 国际导联扩展系统。该扩展系统的特点是电极的排列与头颅大小和形状成比例，电极分布与大脑皮层解剖关系相符合，且电极名称与脑解剖分区相同，其中 F 指额叶（Frontal lobe），T 指颞叶（Temporal lobe），P 指顶叶（Parietal lobe），O 指枕叶（Oocipital lobe），C 指中央沟位置（Central sulcus）。记录电极的排列位置图 5.2 所示：

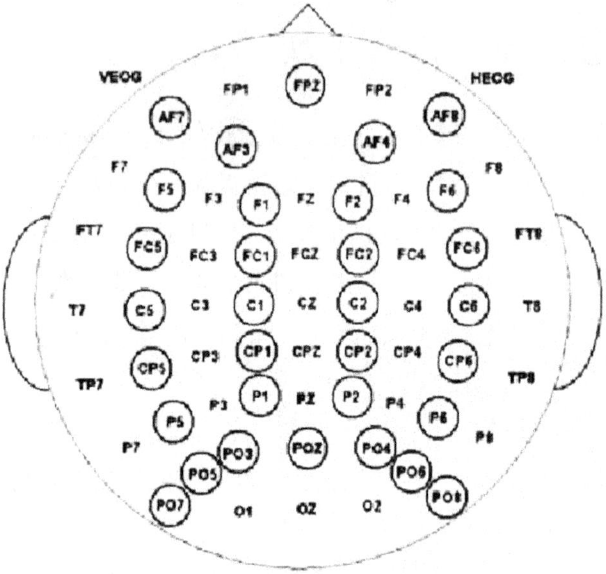

图 5.2　电极帽记录电极排列位置示意图

实验采用双侧乳突电极作为参考电极，数据处理时转换成左右乳突平均作为参考。电极帽的接地电极位于 FPZ 与 FZ 连线的中点位置。放置相应电极在被试双眼外侧处，记录被试的水平眼电（HEOG）；放置相应电极在被试左眉上和左眼睑下，记录被试的垂直眼电（VEOG）。被试头皮与电极之间的阻抗小于 5，滤波带通（band–pass）为 0.05 ～ 100Hz，采样频率（A/D Rate）为 500 Hz/ 导。

（三）实验材料

实验材料中的目标刺激物有两种类型。一种类型的目标刺激物由一系列阿拉伯数字组成，阿拉伯数字的字体为 Times New Roman，字体大小均为 72 磅，字体颜色为黑色，实验共计选择了 8 个阿拉伯数字，分别为 1、2、3、4、6、7、8 和 9。在实验中，阿拉伯数字的呈现顺序是随机的。阿拉伯数字刺激材料的形式如图 5.3 所示：

图 5.3　阿拉伯数字刺激材料

另一种类型的目标刺激物由一系列数量不同的点阵构成，点阵中的点为实心圆点，点的颜色为黑色。每组点阵所包含点数的数量范围在 1 ～ 4 和 6 ～ 9 之间。在实验中，点阵所包含点的数量都是随机的。每组点阵的密度是不均匀的，即在一固定区域内的圆点圆心之间的最短距离不得小于 33 像素，而任意一点圆心与其他各点圆心的最短距离则不得小于 67 像素。同时，每组点阵的排列方式也是不规则的，即去除每组点阵中的任何一点时，被试都不可能准确地将其补充完整。本实验中刺激材料均使用 Photoshop 8.0 软件制作成 JPEG 格式的图片。图片的分辨率均为 96 dpi，图片的尺寸统一为 100 × 100 像素（2.55 × 2.55 cm）。图片的背景、对比度、亮度等物理属性均相同，图片背景的颜色为灰色，RGB 为 150 × 150 × 150。图片中圆点的平均直径为 36 像素。在实验中，图片的呈现顺序是随机的。点阵数量刺激材料的形式如图 5.4 所示：

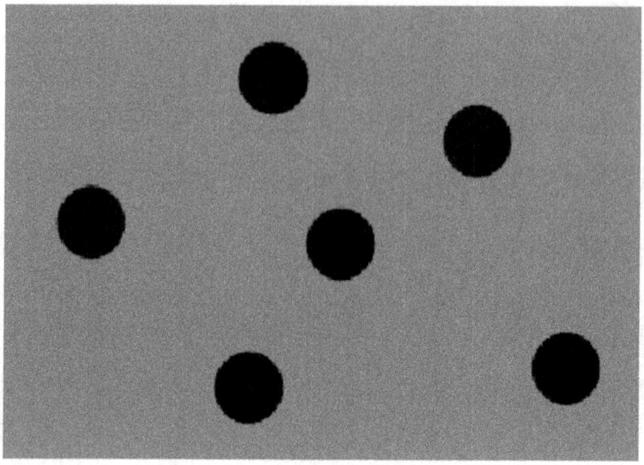

图 5.4　点阵数字刺激材料

（四）实验设计

实验采用 2（刺激类型：阿拉伯数字、点阵数字）× 2（数字距离：近距离、远距离）×2（数感水平：高数感组、低数感组）的三因素混合实验设计。自变量为刺激类型、数字距离和数感水平三个因素。其中，刺激类型和数字距离为被试内变量，刺激类型包括阿拉伯数字和点阵数字两种水平，数字距离包括近距离（3、4、6、7）和远距离（1、2、8、9）；根据目标刺激呈现形式和数量大小的不同，可以将目标刺激分成 4 种不同的类型：远距离阿拉伯数字（number format far distance，简称 NFFD），近距离阿拉伯数字（number format close distance，简称 NFCD），远距离点阵数字（dot format far distance，简称 DFFD），近距离点阵数字（dot format close distance，简称 DFCD）。数感水平为被试间变量，数感水平包括高数感组、低数感组两个水平。因变量分为行为指标和生理指标两种，行为指标包括平均反应时和正确率；生理指标包括刺激诱发的 ERP 成分的平均波幅和潜伏期。

（五）实验程序

实验程序采用 Java 8.0 编制和控制，在计算机上完成。实验的主试由经过专业培训的心理学硕士研究生担任。主试与被试的比例控制在 1 ：4，即每名主试每次大约负责 4 名被试的测试。实验开始前，由主试带领被试进入安静的行为实验室，安排被试坐在计算机前的一张椅子上，并给被试佩戴好电极帽，使被试两眼平视计算机显示器，眼睛与显示器的水平和垂直视角都不超过 5° ，眼睛距离显示器屏幕大约 57 厘米，显示器为 17 英寸纯平显示器，显示器的分辨率为 1280 × 800 像素，刷新频率设置为 75 Hz。屏幕的背景颜色为灰色。主视给被试详细介绍实验步骤，使被试充分理解整个实验流程，并告诉被试尽量放松身心，以消除被试的紧张心理，保证整个实验可以顺利地进行。

在每个 trial 中，首先在灰色背景的屏幕中央呈现一个 3 cm × 4 cm 的黑色注视点“+”，持续时间为 500 ms，提醒被试本实验正式开始。“+”符号消失后，出现灰色背景的随机空屏，呈现时间为 300 ～ 500 ms，呈现随机空屏的目的是稳定和校正 ERP 实验中的基线。然后，屏幕上随机呈现目标刺激数字，呈现时间为 250ms，被试的任务是又快又准地判断目标刺激数字的数量是大于还是小于 5（5 点），并按指导语的要求做出相应的按键反应。最后是 500ms 的空屏，之后进入下一个 trial。若被试在刺激呈现后的 1000 ms 内没有做出按键反应，同样会出现 500 ms 的空屏，且计算机自动记录为错误，并进入下一个 trial。实验的流程如图 5.5 所示。

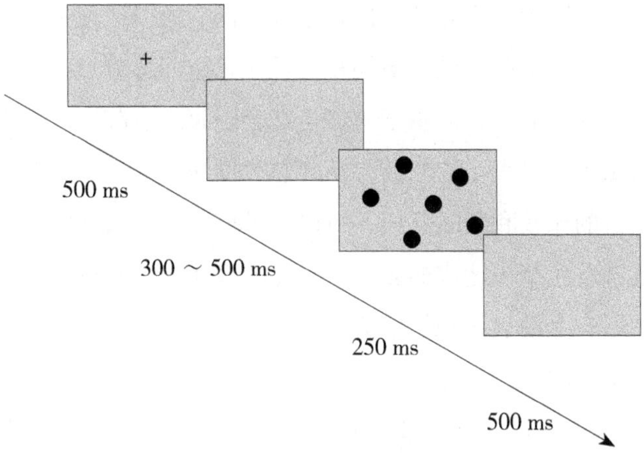

图 5.5　实验流程图

整个实验程序由练习和正式实验两个阶段组成。实验开始时，首先在屏幕中向被试呈现指导语：

“小朋友！今天我们要做一个关于数字的游戏。”

“首先在电脑屏幕上会弹出一个‘+’符号，提醒你实验开始，接着会出现一些数字和点，请你比较数字或点的数量是大于还是小于5，并做出按键反应。如果所出现的数字或点的数量大于5时，则用左手食指按键盘的‘F’键；如果所出现的数字或点的数量小于5时，则用右手食指按键盘的‘J’键。数字或点的呈现时间很短，请你集中注意力，并又快又准确地做出比较并按键反应。”

“明白上述指导语后，请你坐好，将双手放在键盘上。”

“请你按空格键开始练习，然后进入正式的实验。”

主试向被试解释完指导语之后，询问被试是否明白游戏要求，如果被试没有问题，则按空格键进入接下来的练习阶段。

练习共包括10个trial，在练习过程中，主试对被试儿童进行详细的说明和指导，直到被试可以独立地完成整个实验任务。正式实验由4个block组成，每个block包括80个trial，其中每种条件各包括20个trial，每个block中4种条件的呈现顺序均是随机的，相邻两个block之间有3～5分钟的休息时间。被试完成整个实验大约需要20分钟。

因为不同点阵中所有点的表面积总和不同，所以会使不同点阵的物理属性有所差异，并引起被试的不同视觉反应，进而影响被试对目标刺激的ERP波形变化特征和波幅。由于被试可能会以每组点阵中所有点的表面积总和为线索做出数量大小的判断，认为总表面积大的点阵其数量就多，影响被试对数量的比较和判断反应，所以为了控制每组点阵中所有点的表面积总和对被试反应结果造成的影响，对点的表面积总和进行平衡，实验中每组点阵中所有点的表面积恒定为0.7697，总表面积的误差不超过0.01，并采用随机呈现的方式。另外，左右手按键在被试内进行平衡，在一半的block中，要求如果目标刺激数字的数量大于5（5点），则用左手食指按键盘的“F”键；如果目标刺激数字的数量小于5（5点），则用右手食指按键盘的“J”键。在另一半的block中则相反，要求如果目标刺激数字的数量小于5（5点），则用左手食指按键盘的“F”键；如果目标刺激数字的数量大于5（5点），则用右手食指按键盘的“J”键。

（六）实验数据分析

儿童数感脑机制的实验数据使用SPSS 19.0、MATLAB 8.0和Excel 2003等统计软件对数据进行相关分析、多因素方差分析（MANOVA）、多元回归分析等数据分析和处理。

三、儿童数感脑机制的研究结果

（一）儿童数感脑机制的行为研究结果

首先，为了排除被试极端数据值对行为数据分析的影响，把被试反应时超过平均值加减三个标准差以外的行为数据剔除，对高低数感两组被试在不同条件下的反应时和正确率进行了统计分析。

1. 反应时分析

高低数感两组被试在远距离阿拉伯数字（NFFD）、近距离阿拉伯数字（NFCD）、远距离点阵数字（DFFD）、近距离点阵数字（DFCD）4种不同条件下的平均反应时的平均数和标准差如表5.1所示：

表5.1　高低数感两组被试在不同条件下的反应时（MSD，ms）

组别	NFFD	NFCD	DFFD	DFCD
高数感组	486.76 ± 19.11	533.88 ± 19.14	516.79 ± 15.34	574.48 ± 22.29
低数感组	529.87 ± 18.37	567.92 ± 14.61	563.54 ± 16.91	584.32 ± 23.33

为了考察高低数感两组被试在不同条件下反应时的差异情况，探讨不同数感水平儿童数字加工速度的差异，以刺激类型、数字距离和高低数感水平三个因素为自变量，以被试在数量比较任务中的反应时为因变量，对测量所得的数据进行2（数字刺激类型：阿拉伯数字、点阵数字）×2（数

字距离：近距离、远距离）×2（数感水平：高数感组、低数感组）的三因素重复测量方差分析。数据统计结果表明，被试平均反应时的数字刺激类型主效应显著（$F_{(1,\ 28)}$=172.731，p<0.001），这说明被试对不同刺激形式数字的平均反应时存在显著差异。被试平均反应时的数字距离主效应显著（$F_{(1,\ 28)}$=199.494，p<0.001），这说明被试对不同距离数字的平均反应时存在显著差异。被试平均反应时的组别主效应显著（$F_{(1,\ 28)}$=33.908，p<0.001），这说明不同组别被试对数字的平均反应时存在显著差异，高数感组被试对数字的平均反应时显著小于低数感组被试对数字的平均反应时。刺激类型和组别的交互作用显著（$F_{(1,\ 28)}$=29.406，p<0.001），数字距离和组别的交互作用显著（$F_{(1,\ 28)}$=5.789，p<0.05），其他因素的交互作用均不显著。

2. 正确率分析

高低数感两组被试在远距离阿拉伯数字（NFFD）、近距离阿拉伯数字（NFCD）、远距离点阵数字（DFFD）、近距离点阵数字（DFCD）4种不同条件下的正确率的平均数和标准差如表5.2所示：

表 5.2　高低数感两组被试在不同条件下的正确率（M ± SD）

组别	NFFD	NFCD	DFFD	DFCD
高数感组	0.86 ± 0.03	0.91 ± 0.04	0.82 ± 0.03	0.87 ± 0.02
低数感组	0.84 ± 0.02	0.87 ± 0.03	0.81 ± 0.04	0.85 ± 0.02

为了考察高低数感两组被试在4种不同条件下正确率的差异情况，探讨不同数感水平儿童对数字加工准确性的差异情况，以数字刺激类型、数字距离和高低数感水平三个因素为自变量，以被试在数量比较任务中的正确率为因变量，对测量所得的数据进行2（刺激类型：阿拉伯数字、点阵数字）×2（数字距离：近距离、远距离）×2（数感水平：高数感组、低数感组）的三因素重复测量方差分析。数据统计结果表明，被试正确率的刺激类型主效应显著（$F_{(1,\ 28)}$=178.242，p<0.001），这说明被试的对不同刺激形式数字反应的准确性存在显著差异。被试平均正确率的组别主效应

显著（$F_{(1,\ 28)}$=28.338，p<0.001），这说明不同组别被试对数字的反应正确率存在显著差异，高数感组被试儿童对数字的平均反应正确率显著高于低数感组被试对数字的平均反应正确率。被试儿童正确率的数字距离主效应显著（$F_{(1,\ 28)}$=118.077，p<0.001），这说明被试对不同距离数字的反应正确率存在显著差异。刺激类型和组别的交互作用显著（$F_{(1,\ 28)}$=6.113，p<0.05）。进一步分析表明，高数感组被试对不同刺激形式数字的平均正确率存在显著差异，而低数感组被试对不同刺激形式数字的平均正确率不存在显著差异，其他因素的交互作用均不显著。

（二）儿童数感脑机制的脑电研究结果

根据自变量的水平（阿拉伯数字、点阵数字、远距离数字和近距离数字），分四个条件对 EEG 进行叠加和平均，得到阿拉伯数字、点阵数字、远距离数字和近距离数字所产生的四种 ERP。根据实验的研究目的，主要分析阿拉伯数字、点阵数字、远距离数字和近距离数字呈现后不同组别被试做出正确按键反应所诱发的 ERP 成分。对连续记录的脑电数据进行离线式叠加处理，采用线性回归方法自动校正 HEOG 和 VEOG，并剔除波幅大于 ±100 μv 的各种伪迹。脑电分析时程（epoch）确定为数字刺激呈现前 200 ms 至数字刺激呈现后 1000 ms，基线确定为数字刺激呈现前 200 ms。根据本实验的研究目的和实验中可视觉观察到的 ERP 波形的差异，选择 N1、P1、N2 和 P2 四种 ERP 成分进行分析，四种 ERP 成分所对应的时间窗口为：数字刺激呈现后 70 ～ 120 ms（P1 成分），120 ～ 180 ms（N1 成分），180 ～ 250 ms（P2 成分），250 ～ 300 ms（N2 成分）。参考前人相关研究，并结合本实验得到的 ERP 总平均图的波形变化特征以及头皮分布特点，系统地选择了左右一一对应的 4 个电极点（P7、P8、O1、O2）分析 N1 和 P1 的波幅和潜伏期，选择 9 个电极点（C3、Cz、C4、F3、Fz、F4、P3、Pz、P4）分析 P2 和 N2 的波幅和潜伏期。

对得到的 ERP 成分的平均波幅和潜伏期分别进行 2（数字刺激类型：阿拉伯数字、点阵数字）×2（数字距离：远距离、近距离）×2（数感水平：

高数感组、低数感组 ×2（电极点位置：颞区、枕区）的四因素重复测量方差分析，多因素方差分析的所有 P 值均采用 Greenhouse-Geisser 法校正。

1. P1 的分析结果

为了考察高低数感两组被试在不同条件下 P1 成分的波幅和潜伏期的差异情况，对实验任务所诱发的 P1 成分的波幅和潜伏期进行 2（数字刺激类型：阿拉伯数字、点阵数字）×2（数字距离：近距离、远距离）×2（数感水平：高数感组、低数感组）×2（电极点位置：颞区、枕区）的四因素重复测量方差分析。

（1）波幅分析

方差分析的统计结果表明，P1 波幅的组别主效应显著（$F_{(1,\ 28)}=5.091$，$p<0.05$），说明高数感组被试与低数感组被试儿童的 P1 波幅存在显著差异。数字刺激类型主效应显著（$F_{(1,\ 28)}=14.786$，$p<0.001$），这说明被试对不同刺激形式数字的 P1 波幅存在显著差异，阿拉伯数字的 P1 波幅显著大于点阵数字的 P1 波幅。数字距离主效应不显著（$F_{(1,\ 28)}=0.976$，$p>0.05$），这说明被试对不同距离大小数字的 P1 波幅不存在显著差异。电极点位置的主效应显著（$F_{(1,\ 28)}=9.937$，$p<0.01$），这说明被试 P1 波幅的脑区分布存在显著差异，被试枕区的 P1 波幅显著大于颞区的 P1 波幅。组别与刺激类型的交互作用显著（$F_{(1,\ 28)}=21.084$，$p<0.001$），进一步分析表明，在高数感组被试中，不同刺激形式数字的 P1 波幅存在显著差异，阿拉伯数字的 P1 波幅显著大于点阵数字的 P1 波幅；在低数感组被试中，阿拉伯数字和点阵数字的波幅差异不显著。

（2）潜伏期分析

方差分析的统计结果表明，P1 潜伏期的组别主效应显著（$F_{(1,\ 28)}=7.963$，$p<0.01$），说明高数感组被试与低数感组被试的 P1 潜伏期存在显著差异，低数感组被试的 P1 潜伏期显著大于高数感组被试儿童的潜伏期。数字刺激类型主效应显著（$F_{(1,\ 28)}=16.763$，$p<0.001$），这说明被试对不同刺激形式数字的 P1 潜伏期存在显著差异。数字距离主效应不显著（$F_{(1,}$

$_{28)}$=0.701，$p>0.05$），这说明被试对不同距离数字的 P1 潜伏期不存在显著差异。电极点位置的主效应不显著（$F_{(1,\ 28)}$=1.054，$p>0.05$），这说明被试 P1 潜伏期的脑区分布不存在显著差异。组别与刺激类型的交互作用显著（$F_{(1,\ 28)}$=31.493，$p<0.001$），进一步分析表明，在高数感组被试中，不同刺激形式数字的 P1 潜伏期存在显著差异，点阵数字的 P1 潜伏期显著大于阿拉伯数字的 P1 潜伏期；在低数感组被试中，阿拉伯数字和点阵数字的 P1 潜伏期差异不显著。高低数感水平被试 P1 和 N1 成分的波幅和潜伏期如表 5.3 所示：

表 5.3　高低数感两组被试 P1 和 N1 成分的波幅和潜伏期

组别	ERP 成分	平均波幅（μV）	潜伏期（ms）
低数感组	P1	2.32 ± 1.05	102.46 ± 3.35
	N1	−4.56 ± 0.81	156.71 ± 4.12
高数感组	P1	3.01 ± 1.12	89.52 ± 2.71
	N1	−5.21 ± 0.93	151.83 ± 3.64

2. N1 的分析结果

为了考察高低数感两组被试在不同条件下 N1 成分的波幅和潜伏期的差异情况，对实验任务所诱发的 N1 成分的波幅和潜伏期进行 2（刺激类型：阿拉伯数字、点阵数字）× 2（数字距离：近距离、远距离）× 2（数感水平：高数感组、低数感组）× 2（电极点位置：颞区、枕区）的四因素重复测量方差分析。

（1）波幅分析

方差分析的统计结果表明，N1 波幅的组别主效应显著（$F_{(1,\ 28)}$=5.318，$p<0.05$），说明高数感组被试与低数感组被试的 N1 波幅存在显著差异。数字刺激类型主效应显著（$F_{(1,\ 28)}$=19.106，$p<0.001$），这说明被试对不同刺激形式数字的 N1 波幅存在显著差异，点阵数字的 N1 波幅显著大于阿拉伯数字的 N1 波幅。数字距离主效应不显著（$F_{(1,\ 28)}$=2.463，$p>0.05$），这说明不同距离数字的 N1 波幅不存在显著差异。电极点位置的主效应显著（$F_{(1,\ 28)}$=6.439，$p<0.01$），这说明被试 N1 波幅的脑区分布存在显著差异，

被试颞区的 N1 波幅显著大于枕区的 N1 波幅。组别与刺激类型的交互作用显著（$F_{(1,\ 28)}=27.033$，$p<0.001$），进一步分析表明，在高数感组被试中，不同刺激形式数字的 N1 波幅存在显著差异，点阵数字的 N1 波幅显著大于阿拉伯数字的 N1 波幅；在低数感组被试中，阿拉伯数字和点阵数字的 N1 波幅差异不显著。

（2）潜伏期分析

方差分析的统计结果表明，N1 潜伏期的组别主效应不显著（$F(1,\ 28)=3.062$，$p>0.05$），说明高数感组被试与低数感组被试的 N1 潜伏期存在显著差异，低数感组被试的 N1 潜伏期显著大于高数感组被试的潜伏期。数字刺激类型主效应显著（$F_{(1,\ 28)}=16.529$，$p<0.001$），这说明被试对不同刺激形式数字的 N1 潜伏期存在显著差异，点阵数字的 N1 潜伏期显著小于阿拉伯数字的 N1 潜伏期。数字距离主效应不显著（$F_{(1,\ 28)}=1.402$，$p>0.05$），这说明被试对不同距离数字的 N1 潜伏期不存在显著差异。电极点位置的主效应不显著（$F_{(1,\ 28)}=0.371$，$p>0.05$），这说明被试 N1 潜伏期的脑区分布不存在显著差异。组别与数字刺激类型的交互作用显著（$F_{(1,\ 28)}=9.738$，$p<0.01$）。进一步分析表明，在高数感组被试中，不同刺激形式数字的 N1 潜伏期存在显著差异；在低数感组被试中，阿拉伯数字和点阵数字的 N1 潜伏期差异不显著。

3. P2 的分析结果

为了考察高低数感两组被试在不同条件下 P2 成分的波幅和潜伏期的差异情况，对实验任务所诱发的 P2 成分的波幅和潜伏期进行 2（数字刺激类型：阿拉伯数字、点阵数字）×2（数字距离：近距离、远距离）×2（数感水平：高数感组、低数感组）×3（电极点位置：额区、中央区、顶区）的四因素重复测量方差分析。

（1）波幅分析

方差分析的统计结果表明，数字距离主效应显著（$F_{(1,\ 28)}=32.729$，$p<0.001$），这说明被试对不同距离数字的 P2 波幅存在显著差异，远距

离数字的 P2 波幅显著大于近距离数字的 P2 波幅。P2 波幅的组别主效应不显著（$F_{(1,\ 28)}=2.307$，$p>0.05$），说明高数感组被试与低数感组被试的 P2 波幅不存在显著差异。数字刺激类型主效应不显著（$F_{(1,\ 28)}=0.642$，$p>0.05$），这说明被试对不同刺激形式数字的 P2 波幅不存在显著差异。电极点位置的主效应显著（$F_{(2,\ 56)}=4.735$，$p<0.05$），这说明被试 P2 波幅的脑区分布存在显著差异，多重比较结果表明，被试顶区的 P2 波幅显著大于额区和中央区的 P2 波幅。组别与数字距离的交互作用显著（$F_{(1,\ 28)}=17.864$，$p<0.001$），进一步分析表明，在高数感组被试中，不同距离数字的 P2 波幅存在显著差异，远距离数字的 P2 波幅显著大于近距离数字；在低数感组被试中，远距离数字和近距离数字的波幅差异不显著。

（2）潜伏期分析

方差分析的统计结果表明，P2 潜伏期的组别主效应显著（$F_{(1,\ 28)}=5.304$，$p<0.05$），说明高数感组被试与低数感组被试的 P2 潜伏期存在显著差异，低数感组被试的 P2 潜伏期显著大于高数感组被试的潜伏期。数字距离主效应显著（$F_{(1,\ 28)}=19.644$，$p<0.001$），这说明被试对不同距离数字的 P2 潜伏期存在显著差异，近距离数字的 P2 潜伏期显著大于远距离数字的 P2 潜伏期。数字刺激类型主效应不显著（$F_{(1,\ 28)}=1.703$，$p>0.05$），这说明被试对不同刺激形式数字的 P2 潜伏期不存在显著差异。电极点位置的主效应显著（$F_{(2,\ 56)}=6.135$，$p<0.01$），这说明被试 P2 潜伏期的脑区分布存在显著差异，被试顶区的 P2 潜伏期显著大于额区和中央区的 P2 潜伏期。组别与数字距离的交互作用显著（$F_{(1,\ 28)}=19.257$，$p<0.001$），进一步分析表明，在高数感组被试中，不同距离数字的 P2 潜伏期存在显著差异，近距离数字的 P2 潜伏期显著大于远距离数字的 P2 潜伏期，在低数感组被试中，远距离数字和近距离的 P2 潜伏期差异不显著。高低数感水平被试 P2 和 N2 成分的波幅和潜伏期如表 5.4 所示：

表 5.4　高低数感两组被试 P2 和 N2 成分的波幅和潜伏期

组别	ERP 成分	平均波幅（μV）	潜伏期（ms）
低数感组	P2	3.21 ± 0.79	216.58 ± 5.21
	N2	2.47 ± 1.21	274.93 ± 3.68
高数感组	P2	3.64 ± 0.95	203.71 ± 4.32
	N2	2.82 ± 1.43	262.34 ± 3.92

4. N2 的分析结果

为了考察高低数感两组被试在不同条件下 N2 成分的波幅和潜伏期的差异情况，对实验任务所诱发的 N2 成分的波幅和潜伏期进行 2（数字刺激类型：阿拉伯数字、点阵数字）× 2（数字距离：近距离、远距离）× 2（数感水平：高数感组、低数感组）× 3（电极点位置：额区、中央区、顶区）的四因素重复测量方差分析。

（1）波幅分析

方差分析的统计结果表明，数字距离主效应显著（$F_{(1,\ 28)}$=16.781，p<0.001），这说明被试对不同距离数字的 N2 波幅存在显著差异，近距离数字的 N2 波幅显著大于远距离数字的 N2 波幅。N2 波幅的组别主效应不显著（$F_{(1,\ 28)}$=2.463，p>0.05），说明高数感组被试与低数感组被试的 N2 波幅不存在显著差异。数字刺激类型主效应不显著（$F_{(1,\ 28)}$=0.674，p>0.05），这说明被试对不同刺激形式数字的 N2 波幅不存在显著差异。电极点位置的主效应不显著（$F_{(2,\ 56)}$=2.081，p>0.05），这说明被试 N2 波幅的脑区分布不存在显著差异。组别与数字距离的交互作用显著（$F_{(1,\ 28)}$=10.307，p<0.01），进一步分析表明，在高数感组被试中，不同距离数字的 N2 波幅存在显著差异，近距离数字的 N2 波幅显著大于远距离数字的 N2 波幅；在低数感组被试中，远距离数字和近距离数字的 N2 波幅差异不显著。

（2）潜伏期分析

方差分析的统计结果表明，N2 潜伏期的组别主效应显著（$F_{(1,\ 28)}$=7.956，p<0.01），说明高数感组被试与低数感组被试的 N2 潜伏期存在显著差异，

低数感组被试的 N2 潜伏期显著大于高数感组被试的 N2 潜伏期。数字距离主效应显著（$F_{(1, 28)}=19.402$，$p<0.001$），这说明被试对不同距离数字的 N2 潜伏期存在显著差异，远距离数字的 N2 潜伏期显著大于近距离数字的 N2 潜伏期。数字刺激类型主效应不显著（$F_{(1, 28)}=0.736$，$p>0.05$），这说明被试儿童对不同刺激形式数字的 N2 潜伏期不存在显著差异。电极点位置的主效应不显著（$F_{(2, 56)}=1.641$，$p>0.05$），这说明被试 N2 潜伏期的脑区分布不存在显著差异。组别与数字距离的交互作用显著（$F_{(1, 28)}=13.982$，$p<0.001$），进一步分析表明，在高数感组被试中，不同距离数字的 N2 潜伏期存在显著差异，近距离数字的 N2 潜伏期显著小于远距离数字的 N2 潜伏期；在低数感组被试中，远距离数字和近距离数字的 N2 潜伏期差异不显著。

四、不同数感水平儿童的数字加工速度和准确性

本研究采用数量比较任务，分别让不同数感水平儿童比较并判断两个数的数量大小，以高低数感两组被试在实验任务中的正确率和平均反应时为指标，考察不同数感水平儿童的数字加工速度和准确性。

本实验的研究结果发现，高低数感两组被试的数字加工速度存在较大差异，这种差异主要体现在行为数据的反应时指标和 ERP 数据的潜伏期两个方面。首先，在反应时指标方面，高低数感两组被试对数字的平均反应时存在显著差异，高数感组被试对数字的平均反应时显著小于低数感组被试对数字的平均反应时；其次，在 ERP 各成分的潜伏期方面，高低数感两组被试所诱发的 ERP 各成分的潜伏期存在显著差异，高数感组被试的潜伏期显著小于低数感组被试的潜伏期，这表明高数感组被试对数字的加工速度比低数感组被试要快，高数感组被试对数字反应的敏感度比低数感组被试更高。数字加工速度是指个体执行不同数字认知操作活动的快慢程度，一般认为，数字加工速度（number processing speed）是进行数字认知加工过程中所需要的重要心理加工资源，一些更为高级的数学认知加工活动需

要调用其参加才能顺利完成相应的数学认知加工过程。Kail（2000）的研究更加明确指出认知加工速度在儿童和青少年思维发展中的重要作用，他认为加工速度不仅是反映青少年、儿童认知功能差异的一项重要指标，而且还是青少年、儿童认知发展过程中的一个重要调节因素。Salthouse（1996）提出的认知衰退的加工速度理论认为，加工速度反映了个体认知加工中枢的功能状态，个体加工速度减慢是导致其认知加工能力减弱的原因。同时，相关研究还指出加工速度会在一定程度上对个体的工作记忆产生影响，因为在对数字加工的过程中需要调用保持在工作记忆中的相关数字信息，工作记忆对储存在其中的信息的保持时间很短，因此，对数字的加工速度越快，就越有可能在所需要的数字信息消失之前，完成相应的数字加工过程。低数感儿童对数字的加工速度较慢，一方面表明其在数字认知加工过程中可调用的心理加工资源非常有限，造成其在完成相关的数学认知加工活动中的能力不足。另一方面，低数感儿童的数字加工速度也在一定程度上对其工作记忆产生了影响，他们对数字的加工速度偏慢，而工作记忆对信息的保持时间有限，因而他们就不能在所需要的数字信息消失之前完成相应的数字加工过程，造成其对数字的反应和判断能力较低。

Mazzocco等（2011）研究发现，低数感水平儿童在对非符号形式的两组点阵数字进行数量大小的比较判断时，对数字反应的灵敏度不高，且随着两组点阵数量比例的增大，其错误率也随之逐渐升高。本实验所得到的研究结果发现，高低数感两组被试对数字的平均反应正确率存在显著差异，高数感组被试对数字的平均反应正确率显著高于低数感组被试对数字的平均反应正确率。同时，本研究还发现高数感组被试对不同刺激形式数字的平均反应正确率存在显著差异，而低数感组被试对不同刺激形式数字的平均反应正确率不存在显著差异，这表明高低数感水平儿童在数字符号效应方面存在较大差异，接下来我们结合相应的ERP指标，对不同数感水平儿童在数字符号效应上的差异性进行详细分析。

五、不同数感水平儿童的数字符号效应

Plodowski 及其同事（2003）在进行不同符号形式数字表征的 ERP 实验研究中，发现了一个具有左侧优势的 P1 成分，且阿拉伯数字和点阵数字的 P1 波幅存在明显差异，所以他们认为这个 P1 成分反映了早期对数字的辨认与知觉加工过程。同时，他们在实验中还发现，在 P1 成分之后出现的 N1 成分也受到了数字刺激符号形式的影响，阿拉伯数字和点阵数字的 N1 波幅同样也存在明显差异，所以 P1 和 N1 成分是反映不同符号形式数字加工特征的 ERP 成分。Turconi 等（2004）在数字符号的 ERP 研究中也发现，不同符号形式数字刺激的差异主要体现在颞枕区的早期成分 P1 和 N1 上，不同符号形式数字所诱发的 P1 和 N1 波幅存在显著差异。Pinel 等（1999）在数字加工的 ERP 研究中发现 P1 成分受到数字刺激形式的显著影响，当目标刺激呈现 120 ms 后，符号形式的阿拉伯数字在颞枕区域激活的 P1 成分的波幅比非符号形式数字的波幅要大。本实验的研究结果发现，高数感水平儿童与低数感水平儿童在数字符号效应上的表现存在显著差异，在高数感组被试中，阿拉伯数字的 P1 波幅显著大于点阵数字的 P1 波幅，点阵数字的 P1 潜伏期显著大于阿拉伯数字的 P1 潜伏期，高数感儿童表现出明显的符号效应，表明在对数字的辨认与知觉加工阶段，高数感儿童对阿拉伯数字的觉察能力比对点阵数字的觉察能力要强，所以高数感儿童对阿拉伯数字的反应更加敏锐。由于儿童对数字觉察的早期差异会影响随后的数字认知加工过程，所以 N1 成分波幅的差异受到之前 P1 成分波幅差异的影响，高数感水平儿童对阿拉伯数字的觉察能力较强，因而对其辨认和知觉加工完成得较快，造成其 P1 之后 N1 成分的波幅减小。而在低数感组儿童中，阿拉伯数字和点阵数字的 P1 和 N1 成分的潜伏期以及波幅差异均不显著，低数感儿童的符号效应不显著，表明在对数字的辨认与知觉加工阶段，低数感儿童对阿拉伯数字和点阵数字的觉察和辨别能力较低。针对产生数字符号效应的深层心理和生理机制，不同学者从不同角度做出了解释。Vergut 和 Fias（2004）提出并建立的关于数字加工的神经网络模

型模拟了符号和非符号形式数字在数量神经节点上的知觉编码过程，并拟合了 Nieder 等（2003）对单细胞数量表征的电生理数据。该模型认为不同符号形式的数字存在不同的数字加工路径，非符号形式的数字要经过总和编码（summation coding）和位置编码（location coding）两个阶段，而符号形式的数字不需要经过总和编码，可以直接进行位置编码，因此，符号形式和非符号形式数字的加工过程存在较大差异。高低数感水平儿童在数字符号效应上表现出来的差异，表明他们对不同符号形式数字的编码过程和加工路径存在较大差异，特别是低数感水平儿童对阿拉伯数字的反应较慢，说明其对阿拉伯数字进行知觉加工时可能不能直接对其进行位置编码，因而对阿拉伯数字的觉察和辨别能力较低。

六、不同数感水平儿童的数字距离效应

Temple 和 Posner（1998）对 5 岁儿童和成人的数量加工机制进行了研究，发现5岁儿童在进行数量比较时与成人一样，都激活了大脑的顶叶区域，表明 5 岁儿童具有与成人相类似的数量加工机制，同时他们还发现对阿拉伯数字和点阵数字大小的比较和判断发生在数字刺激呈现后的 200 ms 左右。本实验的研究结果发现，在数字刺激呈现约 200 ms 后，被试在顶区诱发了一个明显的 P2 成分，且 P2 成分的波幅和潜伏期表现出明显的脑区差异性，其在大脑顶区的波幅明显比中央区和额区的波幅要大，同时在大脑顶区的潜伏期比中央区和额区的潜伏期要长，表明对数字大小的比较和判断主要在大脑顶区进行，顶区是儿童对数字进行数量表征加工的优势区域，这与以往对数字加工的研究结果是相一致的（Pinel，2004；Holloway，2010）。阿拉伯数字和点阵数字的 P2 成分的波幅与潜伏期不存在显著差异，表明对数字的比较和判断加工过程不会受到数字刺激符号形式的影响，这一结果也支持了数的三重编码理论（Triple code Model ，Dehaene，2003），即尽管最初输入数字的形式不同，但是不同形式的数字最后都要被转换到同一个数量表征系统中进行比较。

Dehaene（1996）在数量比较的 ERP 实验研究中，发现了一个位于大脑顶区的 P2 成分，且 P2 成分的波幅与被比较的两个数字之间的距离相关，远距离数字 P2 成分的波幅与近距离数字 P2 成分的波幅存在明显差异，表现出显著的数字距离效应，这个 P2 成分不仅出现在一位数的数量比较中（Temple、Posner，1998），在两位数的数量比较中同样也存在这样的 P2 成分（Pinel et al.，2001；Turcon et al.，2004），所以他们认为这个 P2 成分反映了大脑对数量的比较和判断过程，同时，他们在实验中还发现，在 P2 成分之后出现的 N2 成分也受到了数字之间距离大小的影响，远距离数字和近距离数字的 N2 波幅同样也存在明显差异，所以 P2 和 N2 成分是反映数字距离效应的 ERP 成分。Libertus、Woldorff 和 Brannon （2007）在对数字符号的 ERP 研究中也发现，在数字刺激呈现后的 210 ms 到 250 ms 后，不同距离阿拉伯数字刺激的差异主要体现在大脑顶区的 P2 成分上，不同距离阿拉伯数字所诱发的 P2 成分存在显著差异，阿拉伯数字所诱发的 P2 成分表现出了显著的数字距离效应。Dehaene（1998） 在数字加工的 ERP 研究中发现顶区 P2 成分受到数字之间距离的显著影响，远距离数字 P2 成分的波幅比显著大于近距离数字 P2 成分的波幅，所以 P2 成分与数字距离密切相关。本实验的研究结果发现，高数感水平儿童与低数感水平儿童在数字距离效应上的表现存在显著差异，在高数感组被试中，远距离数字的 P2 波幅显著大于近距离数字的 P2 波幅，近距离数字的 P2 潜伏期显著大于远距离数字的 P2 潜伏期，高数感水平儿童在顶区表现出明显的距离效应，表明在数字的比较和判断加工阶段，高数感儿童对数字的表征和判断能力较高。由于儿童对数字觉察的早期差异会影响随后的数字认知加工过程，所以 N2 成分波幅和潜伏期的差异受到之前 P2 成分波幅和潜伏期差异的影响，高数感水平儿童对远距离数字的辨认和知觉加工完成得较快，造成其 P2 之后 N2 成分的波幅减小，潜伏期变长。而在低数感组被试中，近距离数字和远距离数字的 P2 和 N2 成分的潜伏期以及波幅差异均不显著，低数感儿童在顶区的数字距离效应不显著，表明在数字的比较和判断加工阶段，低数感儿童对数字的表征和判断能力较低。针对产生数字距离效应的深层心理和生理机制，不同学者从不同角度做出了解释，Dehaene（1999）提出数字距离效应体现了对数字的数量表征和比较过程，其产生的心理机制是由于激活了心理内部的模拟数量表征模块（analog magnitude representation），而个体对数字的数量表征就是把数字压缩在一条心理数轴上，他形象地称其为“心理数字线（the mental number line）”。Sawamura 等（2002）从大脑神经元层面对数字距离效应进行了解释，他们发现顶叶区域中的某些神经元只对特定的数字进行选择性加工，并且这些神经元的激活会随着数字距离的增大而减小，这就阐释了数字距离效应产生的大脑神经机制。高低数感水平儿童在数字距离效应上表现出来的差异，表明他们对数字的表征和加工过程存在较大差异，特别是低数感水平儿童在双侧顶区的数字距离效应不显著，说明其在对数字进行比较和判断时不能激活心理内部的模拟数量表征模块，因而其顶叶区域的数量选择神经元对相应的数字信息不敏感，造成其对数字比较和判断能力较低。

七、小结

本研究采用心理测验法和脑电实验法相结合的方法探讨不同数感水平儿童脑机制的特征和差异。首先，使用自编的儿童数感评定量表，以儿童数感评定量表的得分为标准，把被试划分为高数感和低数感两组。然后，通过事件相关电位（ERPs）技术，采集被试脑电成分的各项数据和指标，通过高数感组被试与低数感组被试脑电成分的比较，分析不同数感水平儿童在数字加工过程中表现出的心理效应，揭示不同数感水平儿童的脑机制特征和差异。通过对儿童数感脑机制的研究，可得出以下结论：

（1）在不同数字刺激类型条件下，低数感组被试的平均反应时都大于高数感组被试的平均反应时，低数感组被试的潜伏期显著大于高数感组被试的潜伏期，表明高数感水平儿童对数字的加工速度比低数感水平儿童要快，高数感水平儿童对数字的敏感度比低数感水平儿童更高。

（2）在高数感组被试中，点阵数字的 P1 潜伏期显著大于阿拉伯数字，阿拉伯数字的 P1 波幅显著大于点阵数字，高数感组被试表现出显著的符号效应，表明高数感立玉儿童对阿拉伯数字的反应更加敏锐。在低数感组被试中，阿拉伯数字和点阵数字的潜伏期以及波幅差异均不显著，低数感组被试的符号效应不显著，表明低数感水平儿童对数字的觉察和识别能力较低。

（3）在高数感组被试中，近距离数字的P2潜伏期显著大于远距离数字，远距离数字的 P2 波幅显著大于近距离数字，高数感组被试表现出显著的距离效应。在低数感组被试中，近距离数字和远距离数字的潜伏期和波幅差异均不显著，低数感组被试的距离效应不显著，表明低数感水平儿童与高数感水平儿童数量表征的模式存在显著差异，低数感水平儿童的数量表征和判断能力较低。

第六章　儿童数感的培养

数感是以特定的神经结构作为其发展的生理基础的，但是这并不意味着个体的数感是不可改变的，数感的形成和发展受到经验活动的影响，特别是专门的数学教育活动的影响。实验表明，通过数学教学活动的干预，可以有效提儿童的数感发展水平（Wilson et al.，2009）。但是，国内鲜有儿童数感教学干预的实验研究，所以依据儿童数感发展的特点，开展对儿童数感的教学干预研究十分必要。

一、问题提出

数感是以特定的脑和神经结构作为其基础的，并且有着很长的进化历史。但是这并不意味着个体的数感是固定不变的，相反，脑和神经组织只是为数感的发展提供了生物结构的基础，只是具备了产生数感的可能性，数感的形成和发展还受到后天经验活动的影响，特别是专门的与数学有关的教育和学习活动的影响（Castronovo、Gobel，2012）。数感不仅是学生学习的重要课程内容，而且还是形成和发展其他数学能力的基础（腾发祥，2004）。现有的实验已经证明，通过数学游戏等教学活动的干预，低数感儿童在数感能力和一般数学能力的发展方面都得到了发展（Wilson et al.，2009）。

在各种提高数感的培养方法和干预实验中，Griffin等（2004）开发的“数字世界（Number World）”、Clements 等（2007）开发的“数学积木（Building Blocks）”、Kleina 等（2004）开发的“学前数学（Pre-K Mathematics）”是经过实验验证的、可以有效提高和培养儿童数感的三种有代表性的教学干预措施。

数字世界注重使用现实的物体来理解加法、减法和数量等概念。这种教学方法包含了各种关于数字的活动：数字歌曲、计数游戏、棋盘游戏等。实验表明这种干预方法可以有效提高数学学习困难儿童的数感水平（Griffin，2004）。

数学积木注重提高学生对数、模式和几何等数学知识的理解，课程内容包含了计算游戏等游戏活动。活动的形式包括课堂小组活动和学生自己在家进行的家庭活动。学生每周至少要进行 1 小时的数学活动，这种教学过程一直要持续 26 周。在一项大型的随机实验中，受到这种教学干预的儿童在数学技能的发展方面明显要高于没有受到这种教学干预的儿童（Sarama、Clements，2004）。

学前数学包含了学校课堂活动和家庭作业活动两个部分的内容，学校课堂活动是以小组的形式进行每周 2 次的课堂游戏活动，家庭作业活动是在父母的引导下进行实际的动手操作活动。这两种活动是经过精心设计的，学校课堂活动和家庭作业活动是相互联系和补充的一个整体。实验表明，参加了学前数学课程学习的儿童在数学知识、数学技能等方面的发展明显要高于没有参加这种课程的学习的儿童（Kleina et al.，2008）。

这三种数学游戏活动都是为了提高学生内部心理数表征系统的准确性，研究表明儿童对数的内部心理表征是以心理数字线的形式进行的（Dehaene、Brannon，2011）。儿童开始对数字的心理表征是非常不精确的，数字的表征是以对数的形式压缩在心理数字线上，随着年龄的增长和经验的积累，儿童对数的表征开始由对数形式向线性形式转化，这样儿童对数的表征就越来越准确了（Halberda et al.，2012）。所以，这些教学干预的核心都是要帮助儿童建立线性形式的心理数字表征，也就是线性形式的心理数字线。

通过对已有数感干预研究的归纳和分析，可以发现国外已经开发出了很多可以有效提高儿童数感发展水平的教学干预措施。但是，国内对数感培养的教学干预研究还相对比较匮乏。怎样培养个体的数感？怎样干预才能提高低数感水平个体的数感？因此，需要依据儿童数感发展的特点和规律，对儿童数感进行教学干预，并采用教育实验研究的方法来考察教学干预对儿童数感发展的干预效果，探索促进儿童数感发展的有效教学方式，为数学教师的数感教学提供了心理学依据，使他们的数感教学可以更具有针对性和有效性。所以，儿童数感培养的教学干预问题是本章所要解决的主要问题。

二、儿童数感培养的研究方法

本研究的中心目的是编制能有效提高儿童数感水平的教学干预材料，探索符合儿童数感发展特点和规律的教学干预方法。首先，依据情境学习理论，编制了儿童数感教学干预材料。然后，依据儿童数感的发展特点和认知规律，提出了教学干预的具体方法。最后，设计了数感培养的教学干预实验，通过实验考察教学干预对儿童数感发展的干预效果，探索促进儿童数感发展的有效教学方式，为数学教师的数感教学提供心理学依据。

（一）被试选择

在某小学 3 年级的 6 个平行班中随机整群抽取 2 个班的学生作为数感教学干预实验的研究对象。随机选择其中的一个班作为实验组，系统地接受数感教学干预，实验班共 48 人；另一个班作为对照组，不接受数感教学干预，对照组共 45 人。除了实验组参加数感教学干预活动外，两组在其他各个方面均保持一致。被试分布情况如表 6.1 所示。

表 6.1　干预实验被试分布情况一览表

组别	年龄（岁）	性别		总计
		男	女	
实验组	8.56 ± 0.48	27	21	n=48
控制组	8.73 ± 0.52	25	20	n=45

（二）实验设计

实验采用实验组、控制组前测后测设计模式，对实验组的被试进行数感教学干预，而控制组的被试不进行数感教学干预。通过比较实验组和控制组在实验前后的差异来考察数感教学干预活动对提高儿童数感水平的实际效果和促进作用。儿童数感教学干预实验设计模式如表 6.2 所示。

表 6.2　实验设计模式

	前测	实验处理	后测
实验组（R_1）	O_1	X	O_1'
实验组（R_2）	O_2	—	O_2'

（三）实验变量

1. 自变量：儿童数感教学干预活动辅导

操作性定义：儿童数感干预采用经过预实验修订的《儿童数感教学手册》作为干预材料，按照《儿童数感教学计划表》的规定，进行共 12 个课时的团体课堂辅导。

自变量的两个水平：① 水平 1：按照学校正常的教育与教学计划进行，不实施数感教学干预，除了接受学校规定的正常的课堂教学外，不接受其他任何形式的课外教学辅导，实施对象为控制组被试。② 水平 2：实施数感教学干预，让学生接受数感团体课堂辅导，同时也接受与水平 1 相同的课堂教学，但不接受其他任何形式的课外教学辅导，实施对象为实验组被试。

2. 因变量：儿童数感水平

操作性定义：儿童数感水平的测量采用自编的儿童数感评定量表作为测量工具，儿童数感水平为被试在数感测验中的得分水平。

3. 无关变量的控制

（1）被试学习水平变量的控制

采用随机化法对被试学生的学习水平进行控制，实验组和控制组是随机地选取和分配的，并在实验开始前对实验组和控制组的被试在同一时间进行了前测，测验结果的方差分析表明，两组被试的测验分数没有显著性差异，说明两组被试在学习水平方面基本上是相当的。

（2）主试教学水平变量的控制

采用恒定法对主试教师的教学水平进行控制，实验组和控制组安排同样的主试进行团体课堂辅导，保持实验中教师教学水平变量的恒定。在实验的过程中，主试必须严格按照《儿童数感教学计划表》规定的要求进行教学，保持实验中教学过程的恒定。

（3）非干预教学变量的控制

非干预教学变量主要指除了数感干预教学和学校规定的课堂教学以外的其他教学变量。采用排除法对非干预教学变量进行控制，实验组和控制组的被试除了接受数感团体课堂辅导和学校规定的正常的课堂教学外，实验过程中不再接受其他任何形式的课外教学辅导，把除干预教学变量以外的其他教学变量从实验中排除出去。

（四）实验材料

1. 儿童数感培养的干预材料

（1）干预材料研制的理论依据

本研究中，干预材料的研制以美国认知心理学家 Donovan 和 Bransford 的情境学习理论为理论基础，同时借鉴了 Griffin 等（2004）开发的“数字世界”、Clements 等（2007）开发的“数学积木”等数感教学干预研究项目的开发经验，在此基础之上结合中国儿童数感发展的特点和规律进行干预材料的选择和编制。情境学习理论内容包括三条基本的学习原则：

① 教学应该以学生的前概念为基础

学生的前概念指的是未经正式的教学或训练而形成的非正式的知识或经验，比如儿童的数量意识。教学应该建立在儿童已经具有的未经正式教学而形成的非正式的数学知识或实际生活中的数学活动经验的基础之上，把新知识的学习或新经验的习得与学生的前概念结合起来。这就要求教师在教学中，允许学生使用他们自己非正式的问题解决策略，鼓励学生进行数学交流，向教师和同伴阐明自己的问题解决策略，同时比较自己的策略与教师和同伴提出的策略之间的特点和优劣。最后，教师应该设计有效的教学活动，把学生已有的前概念和教学目标自然地联系在一起。

② 教学应该帮助学生建立概念网络框架

学生新习得的知识或经验必须被有效地联系起来，形成一个广泛联系的知识网络体系。一方面，知识网络体系可用于支持新知识的理解和加工，对新知识或经验的获得起到一定的支撑作用。另一方面，组织良好的知识网络体系也有利于问题解决时对知识的快速提取和灵活运用，以便于形成广泛的迁移能力。

③ 运用元认知的教学方法帮助学生实现自我监控

教师使用元认知的教学方法可以帮助学生通过确定学习目标以及实时监控和调节自己达成目标的整个过程，来学会控制自己的学习进程。为了让学生可以更有效地对学习进程进行自我控制和调节，教学过程当中必须包含帮助学生反思他们学习经验的教学步骤，同时教师在教学中要对学生的学习进行及时的反馈，注意发挥形成性评价对学生学习的促进作用，使形成性评价可以内化为元认知的自我监控。

研究者以情境学习理论的三条基本学习原则为基础，经过与具有丰富教学经验的一线小学数学教师及教研员反复讨论和交流，确定了干预的基本原则、目标要求、课堂辅导方法和教学策略。以所建立的儿童数感结构模型为依据，设计了教学干预活动，初步编制了《儿童数感教学计划表》和《儿童数感教学手册》，并请相关的小学数学教育专家对初步编制的干预材料进行审阅，按照专家意见修改后，形成了干预材料的初稿。

（2）干预材料的修订——预实验

为了进一步完善干预材料的编制，随机选择了重庆市某小学进行预实验。以初步编制的《儿童数感教学计划表》和《儿童数感教学手册》（初稿）作为干预材料。实验开始前，对主试教师进行了集中培训，提出了具体的操作规范和实验要求，使其能够严格地按照《儿童数感教学计划表》和《儿童数感教学手册》（初稿）规定的教学计划和教学过程进行教学，培训后所有主试均达到施测要求。预实验结束后，一方面，听取主试教师对干预材料的意见和建议；另一方面，对参加预实验的一部分被试进行访谈，收集其对干预材料的反馈和评价。最后，在对两方面的意见进行汇总和分析基础之上，对《儿童数感教学计划表》和《儿童数感教学手册》（初稿）进行进一步的修改，形成了最终的干预材料。

2. 儿童数感培养的测验材料

研究采用自编的儿童数感评定量表作为测量工具，该量表具有良好的信效度，量表包括四个维度，共 21 题，其中数及其关系的知觉维度包含 6 个题目，运算与估计的策略维度包括 5 个题目，数学问题结果的判断包括 6 个题目，数的情感体验包括 4 个题目。采用 Likert 5 点法计分，从“完全不符合”到“完全符合”，依次记为 1 ～ 5 分。

（五）实验程序

1. 儿童数感培养实验的前测

采用儿童数感评定量表分别对实验组和控制组的被试在同一时间进行了前测，并对两组的测验分数进行统计检验，结果两组被试的测验分数没有显著性差异，说明两组被试在各方面的水平基本上对等，两组被试之间具有同质性，可开始进行教学干预实验。

2. 儿童数感培养的实验干预

（1）干预对象：实验组的被试

按照《儿童数感教学计划表》中规定的教学计划，采用经过预实验修订的《儿童数感教学手册》对实验组的被试进行教学干预。干预在宽敞、明亮的多媒体教室或室外进行，教室的桌椅可移动调节，保证有足够的空间供学生开展各项干预活动。干预的时间为6周，每周两次，每次约为40～50分钟。对照组的被试不参加此教学干预活动，只按照学校规定进行正常的课堂教学。在实验过程中，两组被试均不再接受其他任何形式的课外教学辅导，以排除无关教学变量对实验的干扰。

（2）干预者：经过培训的教师

主试为经过培训的小学数学教师。在实验开始前，对主试进行培训。首先，使主试明确干预的目的就是要提高学生的数感水平。其次，指导主试学习《儿童数感教学手册》，让其熟悉干预材料和干预的各个环节，掌握干预的各种方法。最后，要求主试必须严格按照《儿童数感教学计划表》中规定的要求进行教学干预，不得随意更改干预的内容和程序。经培训后，主试达到了实验规定的施测要求。

（3）干预内容的安排

干预内容主要设计了一系列实际操作活动、课外实践活动和相应的拓展活动。活动的设计旨在通过实际操作活动使学生获得对数的体验和感知，并在对数的感受和觉察的基础之上，对一些现实生活中的数学问题形成自己的判断，同时逐渐形成一种对判断结果的坚定信念和确信感。干预活动的编排既注重了活动的趣味性与探究性，能最大限度地激发学生的学习兴趣和好奇心，同时又遵循了儿童数感的发展特点和认知规律，使儿童在干预活动中能够不断地积累数学活动经验，加深对数字及其关系的感知和体验，逐步提高自己的数感水平。

（4）干预方法的选取

在课堂教学的过程中，主试可以选用的干预方法主要包括：情境创设法、讲授法、案例分析法、直观演示法、数学故事法、情境体验法、合作学习法、自我反思法、尝试教学法、自我评价法、合理质疑法、联想思维法、课外实践法、小组讨论法、自我总结法、自主探究法、经验交流法、动手操作法、巩固练习法、数学日记法等多种干预方法。在干预过程中，主试可以根据干预内容的特点和干预过程中课堂的实际情况灵活地选用以上的干预方法，以激发被干预儿童的数学学习兴趣，充分调动其参加数学游戏活动的积极性和主动性，提高其对数学游戏活动的参与度和认同度，保证干预的实际教学效果。

（5）教学干预的基本环节

教学干预以数学主题活动为主进行，每次主题活动包括情境创设、学生活动和评价反思三个基本环节。情境是指从事教学活动的环境，同时也是激发儿童产生数感的外在条件（郭成、陈红，1999）。情境的创设既要紧扣干预活动的目标和要求，又要贴近学生的实际生活，既要直观生动，可以激发起儿童从事干预活动的兴趣和好奇心，调动他们进行数学相关活动的积极性和主动性，提高他们对课堂活动的参与度，同时又要包含丰富多样的数字信息，可以引起他们对数字及其数量关系的觉察，激发他们对干预活动中所包含数学问题的思考，提高他们对数字和数量信息的敏感度。

干预活动开始阶段，教师要做好活动内容和要求的介绍，使被试清楚明白活动的整个过程，确保数学活动能够有序地进行。在对被试被试进行数学活动的过程之中，教师既要注意营造轻松愉快的活动氛围，让被试可以充分自由地进行操作活动和思考交流，同时也要注意适时进行引导和启发，对被试在活动所遇到的问题，教师要启发其进行独立思考或者组织其进行小组讨论交流得出答案，鼓励他们对数学问题进行积极的探索和思考，提高他们对数学问题的自主探究和合作交流意识，使被试在活动中获得积极的情感体验，增强他们对自己数学判断的信心和确信感。

在干预活动结束后，教师要注意对被试参加活动的过程和结果进行总结，对被试在活动中的表现进行评价，鼓励他们对自己在活动中所遇到的问题进行反思。评价反思的形式可以以教师为主，也可以以小组为单位，组织被试进行小组合作学习，展开小组成员之间的互评，并对小组成员所共同遇到的问题进行深入的讨论与交流，以此加深对该问题的理解和认识。同时，还可以以被试自我总结和评价的方式进行，一方面，可以引导被试把自己在游戏活动中积累的数学活动经验进行提炼和总结，进一步提高他们对数及其关系的理解和感悟；另一方面，可以通过数学日记等方式，让被试把活动中的感想和体会记录下来，增强他们对数学的学习兴趣和自信心。

3. 儿童数感培养实验的后测

整个干预活动结束后，采用儿童数感评定量表分别对实验组和控制组的被试在同一时间进行后测，并对两组前后两次的测验分数进行统计检验，考察教学干预是否对被试数感水平的发展产生了显著影响。

4. 儿童数感培养实验的延时后测

整个干预活动结束两个月后，采用儿童数感评定量表对实验组的被试进行延时后测，并对后测与延时后测两次的测验分数进行统计检验，考察教学干预对被试数感发展的保持效果。

（六）数据分析

儿童数感培养实验使用 SPSS 19.0、MATLAB 8.0 和 Excel 2003 等统计软件对数据进行相关分析、统计检验分析、多元回归分析等数据分析和处理。

三、儿童数感培养的实验结果

（一）实验组与对照组被试实验前数感水平比较

为了考察实验组与对照组被试的数感水平在教学干预实验前是否存在显著差异，检验实验组与对照组被试的同质性，确保儿童数感教学干预实验结果可靠性，首先对实验组与对照组被试在干预实验前的数感水平进行了比较，并对干预前实验组和对照组被试儿童在数感评定量表的测验分数进行独立样本的 t 检验分析，检验的结果如表 6.3 所示。

表 6.3　实验组与对照组被试接受干预实验前数感水平的比较

维度	实验组（n=48）		对照组（n=45）		t
	M	SD	M	SD	
量表总分	3.028	0.634	3.056	0.587	−1.082

从表中可以看出，实验组被试与对照组被试在接受教学干预前，其量表总分得不存在显著差异（$p>0.05$），表明实验组与对照组被试的数感水

平基本上是对等的，两组被试之间具有同质性，可以对两组被试进行教学干预实验效果的比较和检验。

（二）实验组与对照组被试实验后数感水平比较

为了考察实验组与对照组被试的数感水平在教学干预实验后是否存在显著差异，探讨儿童数感教学干预实验的有效性，进一步对实验组与对照组被试在干预实验后的数感水平进行了比较，并对干预后实验组和对照组被试在儿童数感评定量表的测验分数进行了独立样本的 t 检验，统计检验的分析结果如表 6.4 所示。

表 6.4　实验组与对照组被试接受干预实验后数感水平的比较

维度	实验组（n=48）		对照组（n=45）		t
	M	SD	M	SD	
FAC1	3.382	0.642	3.063	0.844	2.154*
FAC2	3.294	0.716	2.974	0.762	3.358**
FAC3	3.175	0.683	3.089	0.843	2.117*
FAC4	3.281	0.584	3.145	0.686	1.474
量表总分	3.305	0.824	3.106	0.815	3.651**

注：*$p<0.05$，** $p<0.01$，*** $p<0.001$，以下同。

从表中可以看出，实验组被试与对照组被试在接受教学干预后，其总体数感水平出现了显著差异（$p<0.01$），实验组被试的数感总分高于对照组被试的数感总分，其中实验组被试在数及其关系的知觉和数学问题结果的判断两个维度上的得分显著高于对照组被试（$p<0.05$），实验组被试在运算与估计的策略维度上的得分非常明显地高于对照组被试（$p<0.01$）。以上数据分析结果表明，数感教学干预对实验组被试产生了显著的影响，其数感水平与实验前相比有了一定的提高。

（三）实验组被试实验前后数感水平比较

为了对儿童数感教学干预实验的效果有一个整体了解，考察实验组被试的数感水平在教学干预实验前后是否存在显著差异，探讨儿童数感教学干预实验的有效性，对干预前后实验组被试的儿童数感评定量表的测验分数进行了配对样本的 t 检验，统计检验的分析结果如表 6.5 所示。

表 6.5　实验组被试实验前后数感水平纵向比较

维度	前测		后测		t
	M	SD	M	SD	
FAC1	3.072	0.436	3.382	0.642	−2.273*
FAC2	2.841	0.572	3.294	0.716	−2.946**
FAC3	2.964	0.651	3.175	0.683	−2.092*
FAC4	3.203	0.713	3.281	0.584	−1.184
量表总分	3.028	0.634	3.305	0.824	−3.275**

从表中可以看出，实验组被试的总体数感水平在教学干预实验前后差异显著（$p<0.01$），接受教学干预后的被试的数感总分比教学干预前有了明显的提高，其中数及其关系的知觉和数学问题结果的判断两个维度与教学干预实验前相比存在显著差异（$p<0.05$），运算与估计的策略维度与教学干预实验前相比存在非常显著的差异（$p<0.01$）。此外，数的情感体验维度在教学干预实验前后并无显著差异（$p>0.05$），但干预实验后与干预实验前相比较，被试在这个维度上得分的平均值有所提高。以上数据分析结果表明，数感教学干预对实验组被试的数感水平发展产生了显著的影响，其数感水平与实验前相比有了一定的提高。

（四）实验组被试后测与延时后测得分比较

为考察数感教学干预实验的保持效果，在整个干预实验结束两个月后，对实验组的被试进行了延时后测，并对后测与延时后测两次的测验分数进行配对样本的 t 检验，统计检验的分析结果如表 6.6 所示。

表 6.6　实验组被试后测与延时后测数感得分比较

维度	后测		延时后测		t
	M	SD	M	SD	
量表总分	3.305	0.683	3.241	0.752	1.719

从表中可以看出，数感教学干预实验结束 60 天后，虽然实验组被试的数感测验总得分与干预实验结束时相比有所下降，但是两者之间的差异并不显著（$p>0.05$），表明教学干预对被试数感水平的发展具有持续的作

用和影响，教学干预的效果具有一定的持续性和稳定性。

（五）数感教学干预对不同儿童数感影响的差异性

为了考察实验组不同被试的数感水平在教学干预实验前后是否存在显著差异，探讨儿童数感教学干预实验对不同儿童的适用性，以被试的性别、数学喜爱程度和数学成绩为自变量，以被试在儿童数感评定量表的测验分数为因变量，对实验所得的数据进行配对样本的 t 检验，统计检验的分析结果如表 6.7 所示。

表 6.7　实验组不同被试实验前后数感水平差异分析

		n	前测（$M \pm SD$）	后测（$M \pm SD$）	t
性别	男	27	3.014 ± 0.787	3.283 ± 0.748	−2.381*
	女	21	3.052 ± 0.696	3.309 ± 0.824	−3.025**
数学喜爱程度	喜欢	8	3.081 ± 0.575	3.342 ± 0.681	−3.419**
	一般	29	3.036 ± 0.706	3.313 ± 0.582	−2.126*
	不喜欢	11	2.975 ± 0.813	3.264 ± 0.673	−2.402*
数学成绩	比较好	9	3.168 ± 0.615	3.325 ± 0.745	−2.253*
	中等	32	3.017 ± 0.714	3.294 ± 0.569	−2.974**
	比较差	7	2.946 ± 0.592	3.232 ± 0.805	−2.038*

从表中可以看出，实验组男女被试的总体数感水平在教学干预实验前后差异显著，接受教学干预后的男女被试的数感总分比教学干预前都有了明显的提高，这说明数感教学干预对男生与女生都具有一定的干预效果；实验组对数学喜爱程度不同的被试的总体数感水平在教学干预实验前后差异显著，接受教学干预后对数学喜爱程度不同的被试的数感总分比教学干预前均有了明显的提高，这说明尽管不同儿童对数学的喜爱程度存在差异，但是数感教学干预都可以在一定程度上促进这些儿童数感水平的发展。实验组不同数学成绩的被试的总体数感水平在教学干预实验前后差异显著，接受教学干预后的不同数学成绩的被试的数感总分比教学干预前都有了明显的提高。这说明数感干预教学对不同数学成绩的儿童数感水平的发展都具有一定促进作用和效果。以上数据分析结果表明，数感干预教学对实验组不同被试的数感水平发展均产生了显著的影响，对不同性别、数学喜爱

程度和数学成绩的被试都具有一定的干预效果，数感干预教学普遍适用于不同类型的小学儿童。

四、数感干预教学的有效性

本研究采用实验组、控制组前后测的实验设计方法，对数感干预教学的有效性和稳定性进行了实验研究。首先，通过对实验组被试实验前后数感水平的纵向比较，发现实验组被试的总体数感水平在教学干预实验前后差异显著，接受教学干预后的被试的数感总分比教学干预前有了明显的提高，其中数及其关系的知觉、运算与估计的策略和数学问题结果的判断三个维度与教学干预实验前相比提高显著，表明数感教学干预对实验组被试的数感水平发展产生了显著的影响，其数感水平与实验前相比有了一定的提高。其次，通过对实验组与对照组被试实验前后数感水平的横向比较，发现实验组被试与对照组被试在接受教学干预后，其总体数感水平出现了显著差异，实验组被试的数感总分高于对照组被试的数感总分，其中实验组被试在数及其关系的知觉、运算与估计的策略和数学问题结果的判断三个维度上的得分显著高于对照组被试，表明数感干预教学对实验组被试产生了显著的影响，其数感水平与实验前相比有了一定的提高。最后，在整个干预实验结束 60 天后，对实验组的被试进行了延时后测，结果显示此时实验组被试的数感测验总得分与干预实验结束时相比不存在显著差异，其中数及其关系的知觉和运算与估计的策略两个维度的得分与教学干预实验结束时相比差异同样并不显著，表明教学干预对被试数感水平的发展具有持续的作用和影响，教学干预的效果具有一定的持续性和稳定性。

本研究所设计的数感干预教学主要以儿童主题活动的形式进行，每一个活动都侧重于儿童数感的训练和提高，实验结果表明数感干预教学对提高儿童的数感水平和促进儿童数感的发展具有一定的效果和作用。数字操作活动可以在一定程度上促进儿童数感的发展，这与文献综述中的一些研究结果是相一致的。例如，Siegler 和 Ramani （2008，2009）使用数字积木游戏活动（number board game）来对儿童的数感发展进行干预，实验结果显示实验组被试的数感水平在教学干预实验前后差异明显，接受教学干预的被试的数感水平比教学干预前有了明显的提高，同时实验组被试与对照组被试在接受教学干预后，其数感水平出现了显著差异，表明通过数字积木游戏活动可以有效地促进儿童数感水平的发展。Wilson 等（2009）使用自主设计的数字接力活动（number race game）来加深和丰富儿童对数字意义的理解，促进儿童对数字形式的灵活表征和转换，干预实验结果显示实验组被试的数感水平在教学干预实验前后差异显著，教学干预后的被试的数感发展水平比教学干预前有了明显的提高，同时实验组与对照组在接受教学干预后，其数感水平发生了显著差异，表明数字接力活动可以有效促进儿童对数字意义的理解和数字形式的灵活表征。可以看出，本研究所得到的研究结果与国外学者的研究结果基本一致。

综上所述，数感干预教学的效果得到了来自实验数据的支持，从实践层面证实了数感干预教学的有效性和稳定性；同时，实验结果也得到了已有研究成果的部分支持。所以，本研究提出的数感干预教学可以作为促进儿童数感发展和提高的有效手段和方式。

五、数感干预教学的适用性

本研究采用配对样本 t 检验的方法，对数感干预教学的适用性进行了分析。首先，通过对实验组男女被试实验前后数感水平的比较，统计检验结果显示教学干预后的男女被试的数感总分比教学干预前都有了明显的提高，表明数感干预教学对男生与女生都具有一定的干预效果。其次，通过对实验组不同数学喜爱程度的被试的实验前后数感水平的比较，显示尽管不同儿童对数学的喜爱程度存在差异，但是数感教学干预都可以在一定程度上促进这些儿童数感水平的发展。最后，通过对实验组不同数学成绩的被试的实验前后数感水平的比较，显示接受教学干预后的不同数学成绩数感总分比教学干预前都有了明显的提高，表明数学教学干预对不同数学成绩儿童数感水平的发展都具有一定促进作用和效果。

数感干预教学普遍适用于不同性别、数学喜爱程度以及数学成绩的儿童，这与数感干预教学的理论构想与设计是相一致的。数感干预教学对不同儿童的普遍适用性是由干预的方式和内容所决定的，一方面，传统的数感教学主要采用课堂教学的方式，教师在课堂教学中起着主导和支配作用，儿童只能按照教师的讲解和思路去理解问题，儿童处于被动接受教学的地位，不利于儿童主观能动性的发挥。本研究主要采用以学生活动为主的教学方式对儿童的数感发展进行干预和训练，这就改变了传统的以教师为主导的课堂教学模式。数感干预教学采用以儿童为主导的探究式的教学模式，干预活动以儿童为中心展开和进行，教师只是对儿童的活动进行适当的启发和引导。数学活动的方式不仅可以最大限度地激发起儿童的兴趣和好奇心，调动他们学习的积极性和主动性，同时也为儿童提供了一个自主探究外部数字世界的平台和机会。尽管不同儿童对数学的喜爱程度存在差别，但是活动的合作性和探究性可以在一定程度上保证每一个儿童对活动的参与度，可以使对数学持有不同喜爱程度的儿童在活动中都得到感知和体验数量及其数量关系的机会，加深不同儿童对数量和数字的感悟和理解。另一方面，活动的内容是经过精心组织和选择的，活动内容的选材贴近儿童的实际生活，有利于学生建立起数字与现实生活的紧密联系，使学生更加清楚地体会和认识到数字的实际意义。不同学生由于数学基础和能力有所差异，对数字符号的加工和表征方式也各不相同，特别是数感水平较低的儿童，对非符号形式的数量和符号形式数字的联结和转换能力较弱，对数字符号信息的接受和处理不是非常灵敏，因此活动内容按照先易后难的顺序编排，让儿童从形象化的非符号形式的数量及其数量关系的感知和操作开始，逐步过渡到抽象的数字符号的理解和运算。这样就在一定程度上保证了不同数学能力的儿童都可以适应并完成相应的数学活动，并在活动过程中使数感总体以及各个维度水平得到提高和发展。

综上所述，本研究既得到了来自实验数据的支持，从实践层面证实了数感干预教学对不同性别、数学喜爱程度和数学成绩的儿童都具有一定的干预效果和作用；同时，实验结果也与数感干预教学的理论构想与设计相一致。所以，数感干预教学作为一种可以有效促进儿童数感发展和提高的手段和方式，普遍适用于不同类型的小学儿童，可以在小学儿童群体中广泛推广和使用。

六、小结

本研究采用实验组和对照组前后测的实验设计模式，随机选取两个平行教学班分别作为实验组和对照组，对实验组的被试进行数感教学干预，以期提高其数感的发展水平；对照组则依旧使用先前的教学方式不进行干预。通过教育实验研究的方法考察教学干预对儿童数感发展的干预效果，探索促进儿童数感发展的有效教学方式，为数学教师的数感教学提供心理学依据。通过儿童数感干预的实验研究，可以得出以下结论：

（1）数感干预教学对儿童数感水平的提高和发展具有一定的促进作用，并且其作用和影响效果具有一定的持续性和稳定性。

（2）数感干预教学对不同类型的儿童都具有一定的干预效果，普遍适用于不同性别、数学喜爱程度和数学成绩的儿童。

第七章　结　语

本书主要分六个部分来对儿童数感进行了研究和阐述。首先，通过对国内外有关数感概念研究的梳理和分析，界定了本研究中数感的定义。其次，从数感的结构、数感的测量、数感的发展特点、数感的认知机制、数感的脑机制、数感的培养六个方面对数感展开了系统而深入的研究，通过以上各章的研究，可以得到以下一些重要结论和启示。

一、儿童数感的结构与测量工具

本研究根据已有儿童数感的相关理论观点，在文献分析和访谈调查的基础之上提出了儿童数感的理论模型假设，编制了儿童数感评定量表。然后通过对测试数据资料的探索性因素分析，初步建立了与构想基本一致的（即包含数及其关系的知觉、运算与估计的策略、数学问题结果的判断和数的情感体验四个独立因子）儿童数感结构。使用验证性因素分析的方法，对儿童数感结构模型的参数进行估计，各项拟合指标都达到了可接受的水平，表明所建构的儿童数感结构模型与实际数据之间的匹配和一致性程度较高，进而验证了儿童数感结构模型是合理的。明确数感结构的因素构成和各组成成分，一方面有利于更进一步地揭示数感结构中各因素之间的关系，加深对数感结构的认识和理解；另一方面，数感四因素结构理论也为数感评定量表的编制提供了内容框架，使数感量表的编制有了可靠的理论基础。儿童数感结构模型的建立，一方面加深了对数感心理内涵和要素的认识；另一方面，也为儿童数感的培养与干预研究提供了可靠的理论基础。

在明确了数感结构中所包含的基本要素后，从数及其关系的知觉、运算与估计的策略、数学问题结果的判断和数的情感体验四个维度进行数感量表的编制。测验题目编制完成后，采用了质性和量化相结合的方法来对初步编制的题目进行分析，以保证所编制量表中题目的质量。首先，请小学数学教育专家对量表内容和题目进行审阅，对部分题项的内容描述进行了修改。另外，为保证量表中题目的可读性，请一线小学数学教师及教研员对量表中的题目进行审读，对内容表述不清的题目进行了修改。通过专家审阅和教师审读，使量表中题目的表述更易于小学生理解和接受，避免了歧义的产生，保证了量表中测验题目的可读性。其次，计算项目得分与测验总分的相关系数和多重相关系数的平方。量表中各题目的题总相关系数均小于 0.3，多重相关系数的平方均小于 0.4，表明量表中各题目的相关程度较高。再次，计算量表中每个项目的决断值，各题目的决断值均达到显著性水平，表明量表各项目可以对被试的数感水平进行有效的鉴别。最后，采用探索性因素分析的方法，删除了在多个公共因子上载荷接近的题目，量表中各题目的因子载荷均大于 0.3，表明题目可以有效地代表所属维度的信息，且量表各维度之间具有较高的区分度。结合质性和量化两方面的分析结果，本量表的题目具有良好的代表性，各项指标均达到了心理测量学的标准和要求，可以有效地鉴别不同儿童的数感水平。

本研究采用重测信度、分半信度和内部一致性信度三种信度估计方法对儿童数感评定量表的信度进行了分析。儿童数感评定量表的重测信度系数为 0.932，表明本量表比较稳定可靠，测验结果在跨越一段时间后仍然具有一定的稳定性。量表的分半信度系数为 0.913，表明本量表的内部一致性程度很高，测验试题的抽样适当。量表的 Cronbach 系数为 0.916，表明本量表内部所有题目之间的一致性程度很高，所得到的测验结果可以反映儿童数感的水平。本研究采用内容效度、结构效度和效标效度三种效度估计方法对儿童数感评定量表的效度进行了分析。经过专家评定，量表在内容范围和能力要求两个方面均达到了可接受的水平，表明本量表具有较好的内容效度。本量表各维度与量表总分之间的相关在0.671 ～ 0.763，相关矩阵中的各相关系数符合心理测量学的标准，表明本量表具有较高的结构效度。同时，数感结构模型的各个指标也都达到了规定的可以接受的水平，表明数感的理论模型与实际测量数据之间的匹配和一致性程度较高，同时也证明儿童数感评定量表具有较高的结构效度。本量表与效标的相关性系数在0.01水平上达到了统计显著性，表明本量表具有较高的效标效度。通过对儿童数感评定量表信效度指标的分析，可以看出儿童数感评定量表的信度和效度指标都符合量表编制的标准和要求，表明儿童数感评定量表是测量儿童数感的有效工具，所得到的测量结果稳定可靠，可以用来对儿童数感进行评定。

二、儿童数感的发展特点与启示

本研究运用心理测量学的方法对儿童数感发展的年龄特点进行了研究，研究发现，儿童数感总体发展水平随着年龄的增长而不断提高，但每个年龄阶段的发展速度并不相同。8—10岁时，儿童的数感发展处于上升时期，其中，在8—9岁时数感发展速度最快，10岁以后，儿童数感的发展逐渐趋于平缓。这说明儿童数感发展的关键期在8—9岁。儿童数感发展的年龄特点为数感的教学实践提供了心理学依据。数感的教学必须符合儿童数感的发展规律，根据儿童数感的发展特点来设置数感教学的目标，确定数感教学的重难点，选择数感教学的最佳教学时间。在教学目标的设置方面，儿童数感在不同年龄段的发展水平有所差异，所以教学目标的设置也应该符合各个年龄阶段儿童的数感发展水平，使教学目标形成一个有层次和梯度的序列和体系。在教学重难点的确定方面，儿童数感在不同维度上的发展并不是同步的，数感不同维度在每个年龄段的发展速度有所差异，所以要按照不同维度在每个年龄段的发展规律来确定数感教学的重点和难点。在教学时间的确定方面，数感发展的关键期是儿童数感发展速度最快的一段时间，也是教学对数感发展影响最大的时期。所以，选择在关键期中进行教学，可以取得最佳的教学效果，促进儿童数感的迅速发展，达到事半功倍的教学效果。

本研究运用心理测量学的方法对儿童数感发展的性别特点进行了研究，结果发现，儿童数感发展在总体上不存在显著的性别差异，男女儿童的总体数感发展水平虽然不存在显著的性别差异，但是儿童在运算与估计的策略维度上却存在显著的性别差异，女生的得分要显著低于男生，表明在运算与估计策略的使用方面，男生的发展水平要高于女生。男女儿童在策略使用方面表现出来的差异性与我国长期形成的数学教育文化是相符合的。在对男女儿童数学学习的认识方面，传统的数学教育文化中一直都存在着男女儿童在数学学习中存在较大差异的认识，一般认为男生在数学学习中思路较为开阔，思维较为敏捷，对数学问题的思考较为深入，而女生在数学学习中则较为认真、细致，对老师和书本上所教授的数字知识和计算方法可以很好地理解和掌握，但是当遇到与书本上不同的数学问题时，她们不能及时地改变和修改已有的计算方法去解决新的数学问题。基于这样的一种认识，在实际的学校教育和课堂环境中，男生被更多地鼓励提出和展示自己多样的方法和策略，而女生则更多地被认为是认真理解和使用教师所传授方法的榜样。其实，已有的很多对性别与数学学习关系的研究表明，男女儿童的数学认知能力并不存在显著差异，在数学学习过程中男生并不比女生更具有优势，男女儿童在策略使用方面表现出来的差异在很大程度上是受到了我国已有的数学文化的深刻影响。所以，教师在今后的数学课堂教学中应该多鼓励女生积极思考，从不同的视角来理解数学问题，大胆采用与书本不同的数学方法和策略来解决问题，提高她们思维的灵活性和多样性。

对儿童数感发展性别特点的研究，进一步揭示了儿童数感总体发展的性别差异性以及男女儿童在数感各维度的发展差异性，这也为数感的教学提供了心理学依据，也使教师更加明确了学生数感发展的特点和规律，数感的教学必须符合儿童数感的认知和发展规律，根据儿童数感的发展特点来确定数感教学的指导思想和选择适合儿童数感发展特点和规律的教学方式。在确定数感教学指导思想方面，因为儿童数感发展在总体上不存在显著的性别差异，所以教师首先就要确立男女儿童数感的整体发展水平是相当的这一教学指导思想，在进行数感教学时，不管是男生还是女生，都要鼓励他们积极参加数字游戏活动，主动运用数字和运算去解决生活中的实际问题。针对有些学生见到数字就害怕，特别是有些女生认为自己不可能学好数学的情况，教师应该对这些学生进行积极的引导，帮助她们树立学习数学的自信心，逐步提高其数感水平。在教学方式的选择方面，因为男女学生在运算与估计策略维度上的发展水平存在不同程度的差异性，所以教师应该更多地采用男女学生合作学习的方式进行数感教学，鼓励和引导男女学生在讨论和交流的过程中，相互启发和帮助，共同发展进步。

三、儿童数感的认知机制与启示

本研究采用 NP 任务，通过研究 8—10 岁不同数感水平儿童在 NP 任务中的表现来揭示他们数量表征的差异性。首先，分别让不同数感水平儿童确定数字在数字线上的位置。以高低数感两组被试在 0 ~ 100 和 0 ~ 1000 两种任务条件下的绝对误差百分比为指标，考察不同数感水平儿童数量表征的准确性，探讨不同数感水平儿童数量表征的差异性。Halberda、Mazzocco 和 Feigenson（2008）提出，数感是由人心理内部的近似数表征系统（Approximate Number System，ANS）所产生的，近似数表征系统是数感产生的心理基础。通过对儿童近似数表征系统精确性（ANS precision）研究发现，不同数感水平儿童其近似数表征系统精确性存在较大差异，数感水平较高的儿童其近似数表征系统的精确性程度相对较高，对数量的表征较为准确；而数感水平较低的儿童其近似数表征系统的精确性程度相对较低，对数量的表征的准确性不高。本实验的研究结果发现，高低数感两组被试的平均绝对误差百分比存在显著差异，高数感组被试的平均绝对误差百分比显著小于低数感组被试的平均绝对误差百分比，表明儿童数感与数表征系统的精确性具有非常密切的关系。

其次，数量表征是数字认知加工的重要过程，数量范围会对个体的数量表征产生影响，随着数量范围的扩大，个体数量表征的绝对误差百分比也随之增大，其对数量的表征的准确性也随之降低。本实验的研究结果也发现，被试在两种任务条件下的绝对误差百分比存在显著的差异，在0—1000任务条件下的绝对误差百分比显著大于在0—100任务条件下的绝对误差百分比，表明儿童数量表征受到数量范围的显著影响，并且随着数量范围的扩大，高低数感儿童量数表征的差异性也随之增大。另外，本研究以不同年龄被试儿童在0—100和0—1000两种任务条件下的绝对误差百分比为指标，考察不同年龄儿童数量表征的差异性，探讨儿童数量表征的发展特点和规律。研究结果发现，在两种NP任务条件下，被试的绝对误差百分比随年龄的增长而不断减小，表明儿童的数量表征的准确性随年龄的增长而不断提高。

最后，为了对高低数感两组被试在0—100和0—1000两种任务条件下所采用的数量表征方式有一个整体了解，考察两组被试在不同任务条件下数量表征模式的差异情况，以实验中实际呈现的数值为自变量，以被试在数字线上标记位置所代表数值的中位数为因变量，对被试在两种任务条件下的数量表征情况进行了线性函数和对数函数两种不同函数形式的曲线拟合分析。研究结果发现，在相同NP任务条件下，高低数感儿童的数量表征方式存在显著差异，高数感儿童主要以线性模式对数量进行表征，而低数感儿童则主要以对数模式对数量进行表征，儿童数量表征模式的发展是一个由对数表征方式向线性表征方式变化的发展过程，但是低数感儿童的转化速度要比高数感儿童慢。

对不同数感水平儿童数量表征的差异性的研究为今后儿童数感的培养与干预提供了理论基础和实践方法。一方面，研究结果为儿童数感的培养与干预提供了理论依据，虽然高低数感水平儿童数量表征系统的准确性和表征模式存在差异，但是低数感儿童的数量表征系统并不存在缺陷，其数感水平较低的原因主要是发展中的迟滞现象，通过适当的干预措施和手段可以在一定程度上促进其数感水平发展的，这表明只要干预方法得当，低数感儿童的数感水平是可以得到提高和发展。另一方面，研究结果也为儿童数感的培养与干预提供了方法与路径，数量表征模式的发展是一个由对数表征方式向线性表征方式转化的发展过程，而低数感儿童的转变和发展要比高数感儿童慢，所以对低数感儿童进行适当的策略干预也可以在一定程度上促进低数感儿童数量表征模式的转化和数感水平的提高。已有的研究结果显示，儿童通过对数字进行实际操作后，其数感水平获得了显著的提高和发展，其数量表征的模式也由过去的对数表征模式逐渐转变为线性表征模式（Siegler、Ramani，2011）。实际操作活动是儿童获得对数的感知和体验的一种重要活动形式，把数字等融入操作活动之中，使儿童在实际操作数字的过程中提高对数与数量关系的觉察与感知，增强他们对数字结果判断的信心。所以在对儿童进行干预时，可以将 NP 任务物化成各种形式的数字操作活动，通过对数字的实际操作活动来促进儿童数感水平的发展和提高。

四、儿童数感的脑机制与启示

本研究采用心理测验和脑电实验结合的方法探讨不同数感水平儿童脑机制的特征和差异。在实验过程中，将儿童数感评定量表与事件相关电位技术相结合，使用自编的儿童数感评定量表，以儿童数感评定量表的得分为标准，把被试划分为高数感和低数感两组。然后，通过 ERP 实验技术，采集被试脑电成分的各项数据和指标，通过高数感被试与低数感被试脑电成分的比较，分析不同数感水平儿童在数字加工过程中表现出的心理效应，揭示不同数感水平儿童的脑机制特征和差异。

首先，以高低数感两组被试在实验任务中的正确率和平均反应时为指标，考察不同数感水平儿童的数字加工速度和准确性。研究结果表明，高低数感两组被试的数字加工速度存在较大差异，这种差异主要体现在行为数据的反应时指标和 ERP 数据的潜伏期两个方面。在反应时指标方面，高低数感两组被试对数字的平均反应时存在显著差异，高数感组被试对数字的平均反应时显著小于低数感组被试对数字的平均反应时；在ERP各成分的潜伏期方面，高低数感两组被试所诱发的ERP各成分的潜伏期存在显著差异，高数感被试的潜伏期显著小于低数感被试的潜伏期。这表明高数感儿童对数字的加工速度比低数感儿童要快，高数感儿童对数字反应的敏感度比低数感儿童更高。数字加工速度是个体执行不同数字认知操作活动的快慢程度，一般认为，数字加工速度（number processing speed）是进行数字认知加工过程中所需要的重要心理加工资源，一些更为高级的数学认知加工活动需要调用其参加才能顺利完成相应的数学认知加工过程。低数感儿童对数字的加工速度较慢，一方面表明其在数字认知加工过程中可调用的心理加工资源非常有限，造成其在完成相关的数学认知加工活动中的能力不足。另一方面，低数感儿童的数字加工速度也在一定程度上对其工作记忆产生了影响，他们对数字的加工速度偏慢，而工作记忆对信息的保持时间有限，因而他们就不能在所需要的数字信息消失之前完成相应的数字加工过程，造成其对数字的反应和判断能力较低。同时，实验还发现，高低数感两组被试对数字的平均反应正确率存在显著差异，高数感组被试对数字的平均反应正确率显著高于低数感组被试对数字的平均反应正确率。另外，本研究还发现高数感组被试对不同刺激形式数字的平均反应正确率存在显著差异，而低数感组被试对不同刺激形式数字的平均反应正确率不存在显著差异，这表明高低数感水平儿童在数字符号效应方面存在较大差异。

其次，结合相应的ERP指标，对不同数感水平儿童在数字符号效应上的差异性进行分析。本实验的研究结果发现，高数感水平儿童与低数感水平儿童在数字符号效应上的表现存在显著差异，在高数感组被试中，阿拉伯数字的P1波幅显著大于点阵数字的P1波幅，点阵数字的P1潜伏期显著大于阿拉伯数字的P1潜伏期，高数感被试表现出明显的符号效应，表明在对数字的辨认与知觉加工阶段，高数感儿童对阿拉伯数字的觉察能力比对点阵数字的觉察能力要强，所以高数感儿童对阿拉伯数字的反应更加敏锐。由于儿童对数字觉察的早期差异会影响随后的数字认知加工过程，所以 N1 成分波幅和潜伏期的差异受到之前 P1 成分波幅和潜伏期差异的影响，高数感水平儿童对阿拉伯数字的觉察能力较强，因而对其辨认和知觉加工完成得较早，造成其 P1 之后 N1 成分的波幅减小。而在低数感组被试中，阿拉伯数字和点阵数字的 P1 和 N1 成分的潜伏期以及波幅差异均不显著，低数感儿童的符号效应不显著，表明在对数字的辨认与知觉加工阶段，低数感儿童对阿拉伯数字和点阵数字的觉察和辨别能力较低。高低数感儿童在数字符号效应上表现出来的差异，表明他们对不同符号形式数字的编码过程和加工路径存在较大差异，特别是低数感水平儿童对阿拉伯数字的反应较慢，说明其对阿拉伯数字进行知觉加工时可能不能直接对其进行位置编码，因而对阿拉伯数字的觉察和辨别能力较低。

最后，根据相应的 ERP 指标，对不同数感水平儿童在数字距离效应上的差异性进行分析。本研究表明阿拉伯数字和点阵数字的 P2 成分的波幅与潜伏期不存在显著差异，表明对数字的比较和判断加工过程不会受到数字刺激符号形式的影响，这一结果也支持了数的三重编码理论（Triple code Model，Dehaene，2003），即尽管最初输入数字的形式不同，但是不同形式的数字最后都要被转换到同一个数量表征系统中进行比较。同时本研究还发现高数感水平儿童与低数感水平儿童在数字距离效应上的表现存在显著差异，在高数感组被试中，远距离数字的 P2 波幅显著大于近距离数字的 P2 波幅，近距离数字的 P2 潜伏期显著大于远距离数字的 P2 潜伏期，高数感水平儿童在顶区表现出明显的距离效应，表明在数字的比较和判断加工阶段，高数感水平儿童对数字的表征和判断能力较高。由于儿童对数字觉察的早期差异会影响随后的数字认知加工过程，所以 N2 成分波幅和潜伏期的差异受到之前 P2 成分波幅和潜伏期差异的影响，高数感水平儿童对远距离数字的辨认和知觉加工完成得较早，造成其 P2 之后 N2 成分的波幅减小，潜伏期变长。而在低数感组被试中，近距离数字和远距离数字的 P2 和 N2 成分的潜伏期以及波幅差异均不显著，低数感水平儿童在顶区的数字距离效应不显著，表明在数字的比较和判断加工阶段，低数感水平儿童对数字的表征和判断能力较低。使用ERP技术所发现的不同数感水平儿童脑电成分的差异性，进一步揭示了儿童数感的脑机制特征，为儿童数感培养的教学干预研究提供了理论基础。

五、儿童数感干预研究及其对教育教学的启示

本研究采用实验组和控制组前后测的实验设计方法，对数感干预教学的有效性和稳定性进行了实验研究。首先，通过对实验组被试实验前后数感水平的纵向比较，实验结果显示实验组被试的总体数感水平在教学干预实验前后差异显著，教学干预后的被试的数感总分比教学干预前有了明显的提高，其中数及其关系的知觉、运算与估计的策略和数学问题结果的判断三个维度与教学干预实验前相比提高显著，表明数感教学干预对实验组被试的数感水平发展产生了显著的影响，其数感水平与实验前相比有了一定的提高。其次，通过对实验组与对照组被试实验前后数感水平的横向比较，显示实验组被试与对照组被试在接受教学干预后，其总体数感水平出现了显著差异，实验组被试的数感总分高于对照组被试儿童的数感总分，其中实验组被试儿童在数及其关系的知觉、运算与估计的策略和数学问题结果的判断三个维度上的得分显著高于对照组被试，表明数感教学干预对实验组被试产生了显著的影响，使其数感水平与实验前相比有了一定的提高。最后，在整个干预结束60天后，对实验组的被试进行了延时后测，结果显示实验组被试的总体数感测验得分与干预实验结束时相比不存在显著差异，其中数及其关系的知觉和运算与估计的策略两个维度的得分与教学干预实验结束时相比差异同样并不显著，表明教学干预对被试数感水平的发展具有持续的作用和影响，教学干预的效果具有一定的持续性和稳定性。本研究所设计的数感干预教学主要以学生活动的形式进行，学生通过实际操作等活动来获得对数的体验和感知，进而提高自身的数感水平，实验结果表明数感教学干预对提高儿童的数感水平和促进儿童数感的发展具有一定的效果和作用，可以作为促进儿童数感发

展和提高的有效手段和方式。

本研究所设计的数感教学干预对提高儿童的数感具有一定的作用，主要是由于以下几个原因：首先，数感教学干预符合儿童数感发展的特点和规律，儿童数感发展的年龄和性别特点为数感的教学提供了心理学依据。数感的教学必须符合儿童数感的发展规律，根据儿童数感的发展特点来确定数感教学的目标和教学方式。在教学目标的设置方面，儿童数感在不同年龄段的发展水平有所差异，所以教学目标的设置也应该符合各个年龄阶段儿童的数感发展水平，使教学目标形成一个有层次和梯度的序列和体系。数感发展的关键期是儿童数感发展速度最快的一段时间，也是教学对数感发展影响最大的时期。在关键期中进行教学，可以取得最佳的教学效果，促进儿童数感的迅速发展。在教学方式的选择方面，因为男女儿童在数感各维度上的发展水平存在不同程度的差异性，所以教学时应该更多地采用男女学生合作学习的方式，鼓励和引导男女学生在讨论和交流的过程中，相互启发和帮助，充分发挥各自的优势，共同发展进步。其次，数感干预教学主要以学生活动为主，活动的设计旨在通过实际操作使学生获得对数的体验和感知，并在对数的感受和觉察的基础之上，对一些现实生活中的数学问题形成自己的判断，同时逐渐形成一种对判断结果的坚定信念和确信感。活动的编排既注重了活动的趣味性与探究性，可以最大限度地激发了学生的学习兴趣和好奇心，同时又遵循了儿童数感的发展特点和认知规律，使儿童在活动中能够不断地积累数学活动经验，加深对数字及其关系的认识和体验，逐步提高自己的数感水平。最后，对不同数感水平儿童数量表征和数字加工的实验研究为数感干预教学提供了理论基础，虽然高低数感水平儿童数量表征系统的准确性和表征模式存在差异，但是低数感儿童的数量表征系统并不存在缺陷，其数感水平较低的原因主要是发展中的迟滞现象，通过适当的干预措施和手段可以在一定程度上促进其数感水平的发展。不同数感水平儿童对数字的加工方式不同，因此在进行数感教学干预教学时，必须根据干预内容的特点和干预过程中学生的实际情况灵活地选用直观演示法、情境体验法、合作学习法、自我反思法、尝试教学法、自我评价法、合理质疑法、课外实践法、小组讨论法、自主探究法、经验交流法、动手操作法等干预方法，以激发不同数感水平儿童的数学学习兴趣，充分调动不同数感水平儿童参加数学游戏活动的积极性和主动性，提高被试儿童对数学游戏活动的参与度和认同度，保证干预活动的实际教学效果。

本研究对数感干预教学的适用性进行了分析。首先，通过对实验组男女被试实验前后数感水平的比较，统计检验结果显示接受教学干预后的男女被试的数感总分比教学干预前都有了明显的提高，表明数感教学干预对男生与女生都具有一定的干预效果。其次，通过对实验组不同数学喜爱程度的被试实验前后数感水平的比较，发现尽管不同被试对数学的喜爱程度存在差异，但是数感教学干预都可以在一定程度上促进这些被试数感水平的发展。最后，通过对实验组不同数学成绩的被试实验前后数感水平的比较，发现接受教学干预后的不同数学成绩儿童的数感总分比教学干预前都有了明显的提高，表明数学教学干预对不同数学成绩被试数感水平的发展都具有一定促进作用和效果。数感干预教学普遍适用于不同性别、数学喜爱程度以及数学成绩的儿童，可以在小学儿童群体中广泛推广和使用。

数感干预教学的实验研究对儿童数感教学方式的选择和内容安排具有一定的启示。一方面，传统的数感教学主要采用课堂教学的方式，教师在课堂教学中起着主导和支配作用，儿童只能按照教师的讲解和思路去理解问题，儿童处于被动接受教学的地位，不利于儿童主观能动性的发挥（张大均，1997）。采用主题活动的教学方式对儿童的数感发展进行干预和训练，这就改变了传统的以教师为主导的课堂教学模式。数感干预教学是一种以儿童为主导的探究式的教学模式，干预活动以儿童为中心展开和进行，教师只是对儿童的活动进行适当的启发和引导（郭成，2006）。数学活动不仅可以最大限度地激发起儿童的兴趣和好奇心，调动他们学习数学的积极性和主动性，同时也为儿童提供了一个自主探究外部数字世界的平台和机会（陆珺，2009）。尽管不同儿童对数学的喜爱程度存在差别，但是干预活动的合作性和探究性可以在一定程度上保证每一个儿童对活动的参与度，可以使对数学持有不同喜爱程度的儿童在活动中都得到感知数量及其数量关系的机会，加深不同儿童对数量和数字的感悟和理解。另一方面，数感干预活动的内容必须经过精心组织和选择，活动内容的选材必须贴近儿童的实际生活，有利于儿童建立起数字与现实生活的紧密联系，使儿童更加清楚地认识到数字的实际意义，并获得对数及其关系的直观体验和感受。不同儿童由于数学基础和能力有所差异，所以对数字符号的加工和表征方式也各不相同，特别是数感水平较低的儿童，对非符号形式的数量和符号形式数字的联结和转换能力较弱，对数字符号信息的接受和处理不是非常灵敏，因此活动的内容应该按照先易后难的顺序编排，让儿童从形象化的非符号形式的数量及其数量关系的感知和操作开始，逐步过渡到抽象的数字符号的理解和运算。这样就在一定程度上保证了不同数学能力的儿童都可以适应并完成相应的游戏活动，并在活动过程中使数感总体以及各个维度水平得到提高和发展。

六、对儿童数感未来研究的展望

（一）儿童数感常模的建立

本研究根据已有儿童数感的相关理论观点，在文献分析和访谈调查的基础之上提出了儿童数感的理论模型假设，编制了儿童数感评定量表，并对量表的信度和效度指标进行了检验，量表的信效度指标符合心理测量学标准，可以作为评定儿童数感的测量工具。但是由于研究时间和条件的限制，在研究对象的选取方面还有一定的局限性，所以在对儿童数感水平高低进行划分时只能限制在被测量的研究对象群体中进行比较，还没有一个关于儿童数感发展水平的标准的常模可以进行参照，这就为儿童数感的评定带来了一定的局限性。在今后的研究中还需要进一步扩大研究对象的范围，特别是要注意选取农村地区儿童以及少数民族地区儿童作为被试，使研究对象的选取更加具有代表性。只有在广泛取样测量的基础之上，才能依据儿童数感的发展特点和规律，建立关于儿童数感的不同类型的常模，如年龄常模、年级常模和性别常模等。儿童数感常模的建立不仅可以为理论研究者和教育评估部门提供有效的儿童数感测量工具，而且也可为一线小学教师和儿童家长提供方便可靠的儿童数感评价工具。

（二）儿童数感发展的纵向研究

本研究运用心理测量学的方法，探讨了儿童数感发展的年龄特点和规律，发现了儿童数感发展的关键期。但是，这只是在某一特定的时间段内同时对不同年龄儿童施测而得到的关于儿童数感发展的年龄特点和趋势。这种对儿童数感发展的横断研究虽然能发现不同年龄儿童数感发展的相似性和差异性，确定儿童数感发展的年龄特点和性别差异，但是所得到的年龄特点和发展规律也容易受到代群效应的干扰和影响，为不同年龄群体之间的差异归因带来困难。同时，这种对儿童数感发展的横断研究只关注了每个儿童在某一时间点上的发展状况，所以就不能全面反映儿童个体数感发展的整体趋势和规律。所以，在今后的研究中还需要对儿童数感发展进行纵向研究，考察同一被试群体在不同年龄阶段数感的发展特点和规律，这种对儿童数感发展的纵向研究可以得到同一儿童群体数感发展的连续性的变化资料，探索同一儿童群体数感发展的年龄变化规律，这样就可以更为系统和全面地了解儿童数感发展的特点和规律。

（三）儿童数感的跨文化比较研究

数感已经引起了国内外教育领域的广泛关注，各国都把发展数感作为了数学教育的重要目标要求。东西方学生的数学成就之间存在显著差异，2011 年国际数学与科学教育成就趋势测验（TIMSS2011）显示，在 77 个参加调查的国家和地区中，位居前五位的全都在亚洲，中国香港和中国台湾首次参加这一测验就取得了第三和第四名的佳绩，而美国、德国等西方国家则都排在了十名开外，那么产生东西方学生数学成就差异的原因究竟是什么？传统的观点都把造成这种差异的原因归结为东西方教育理念和制度的不同，但这只是影响数学成就的外部因素，影响数学成就的主要内部因素是数学能力，那么东西方学生的数学能力之间是否存在显著差异呢？以往由于受到语言和纸笔测验方式等因素的影响，使得数学能力的跨文化比较研究难以进行，所以对东西方学生数学能力是否存在差异性的问题一直难以回答。数感是形成和发展各种数学能力的基础和前提，因此开展数感的跨文化比较研究可以从根本上揭示东西方学生数学成就产生差异的原因。测量数感的实验任务不受语言的影响，基于网络的在线数感测验也突破了纸笔测验方式的限制，这就使得进行数感的跨文化比较研究成为可能。美国认知心理学 Halberda 已经开发了一个网络数感测验平台，采用实验的方法收集了美国、法国和德国等主要西方国家儿童的数感测量数据。我国对儿童数感的测量和研究还处于起步阶段，大规模的儿童数感测量还比较少见，数感的跨文化比较研究几乎还是空白。今后不仅要注重数感的本土化研究，探索我国不同年龄段儿童数感的发展规律，同时还要积极开展数感的跨文化比较研究，在国际视野下深化对儿童数感发展规律的认识。

（四）儿童数感脑机制的深化研究

本研究采用心理测验和脑电实验结合的方法探讨了不同数感水平儿童脑机制的特征和差异，但是有关数感的脑定位及其工作模型还有待更进一步的深入研究。比如，顶叶是作为一个整体负责对各种类型数量（大小、重量、密度、明亮度）的表征，还是顶叶中的不同部分会对不同类型的数量对象分别进行选择加工？顶叶与大脑左半球角回（angular gyrus of the left hemisphere）等其他负责数字加工的脑区之间的关系是什么？数感水平高的个体其大脑工作模型及规律与数感水平低的个体有何差异？数感与语感的脑机制有何差异？ 数量表征与顶叶其他功能（如空间感觉、记忆）之间的关系如何？语言形式的数量表征系统与 ANS 之间的作用机制是什么？它们之间是如何建立起联系的？这些都是需要进一步探讨的问题。 人类的顶叶中是否存在专门负责数加工的数神经细胞？研究发现，人脑顶叶区域中的腹侧顶内沟 （ventral intraparietal area，VIP）和外侧顶内沟 （lateral intraparietal area，LIP）和 PFC 中都存在数神经细胞，但是这些细胞在数字加工中的作用机制还有待研究。顶叶中包含了多种类型的数神经细胞，但是不同类型细胞的功能特点还不是十分清楚，如进行编码识别的细胞有哪些？哪些细胞可以完成编码的转化？哪些细胞负责编码的叠加？它们之间是如何相互协调来共同完成数字加工过程的？这都有待于对大脑顶叶进行更加深入和细致的研究。另外，后顶叶（posterior parietal cortex，PPC）、左半球角回在数量表征和加工的过程中也发挥着重要的作用，那么这些脑区是否也存在数神经细胞？如果存在，这些细胞在数量表征和加工中的具体作用是什么？ 这些细胞与大脑其他区域中的数神经细胞是否构成一个更为精细的数加工神经网络？

（五）儿童数感教学干预的推广与应用

本研究依据儿童数感的发展特点和认知规律，编制了儿童数感教学干预材料，提出了符合儿童数感发展特点和规律的教学干预方法，采用实验组和控制组前后测的实验设计方法，对数感干预教学的有效性和稳定性进行了实验研究。通过实验考察教学干预对儿童数感发展的干预效果，探索促进儿童数感发展的有效路径，为数学教师的数感教学提供心理学依据。虽然实验结果表明数感干预教学对提高儿童的数感是有效的，但是要将数感干预教学的措施和方法进行广泛的推广和应用还需要更加深入和系统的研究，在今后的研究中还需要进一步扩大干预研究对象的范围，对数感教学干预的适应性进行更广泛的研究。城市地区儿童与农村地区儿童所处的生活环境具有很大差异，因此进行数感教学的情境创设和活动设计时，应该根据不同干预对象的实际情况进行调整，才能使数感干预教学达到最好的干预效果。

以上这五个方面的问题是数感研究中的基本问题，也是未来需要更进一步研究和探讨的问题，对这些问题的深入研究必将使我们对数感的认识和理解更加全面和深刻。数感是人类数学能力的基础，对数感的深入研究不仅能揭示人类数学能力的起源和发展过程，同时对全面了解大脑的复杂结构和功能也会有所帮助。

参考文献

[1] AGRILLO C，PIFFER L，BISAZZA A，et al.Evidence for Two Numerical Systems That Are Similar in Humans and Guppies [J] .PLOS ONE，2012，7 (2) ：e31923.

[2] ANSARI D，DHITAL B.Age-related Changes in the Activation of the Intraparietal Sulcus during Nonsymbolic Magnitude Processing：An Event-related Functional Magnetic Resonance Imaging Study [J] .J Cogn Neurosci，2006，18 (11) ：1820-1828.

[3] ANSARI D，GARCIA N，LUCAS E，et al.Neural correlates of symbolic number processing in children and adults[J].Brain Imaging，2005，16(16): 1769.

[4] ANTELL S E，KEATING D P.Perception of numerical invariance in neonates [J] .Child Dev，1983，54 (3) ：695-701.

[5] ASHCRAFT M H，MOORE A M.Cognitive processes of numerical estimation in children [J] .Journal of Experimental Child Psychology，2012，111 (2) ：246-267.

[6] BAILLARGEON R.Physical reasoning in young infants：Seeking explanations for impossible events [J] .British Journal of Developmental Psychology，2011，12 (1) ：9-33.

[7] BRUANDET M, MOLKO N, COHEN L, et al.A cognitive characterization of dyscalculia in Turner syndrome [J].Neuropsychologia, 2004, 42(3): 288–298.

[8] CASE R, OKAMOTO Y.The role of central conceptual structures in the development of children's thought [C] //Monographs of the Society for Research in Child Development, 1996.

[9] CASE R, SOWDER J T.The Development of Computational Estimation: A Neo–Piagetian Analysis [J].Cognition & Instruction, 1990, 7(2): 79–104.

[10] CASTRONOVO J, GBEL S M.Impact of High Mathematics Education on the Number Sense [J].Plos One, 2012, 7(7): e33832.

[11] CLEMENTS D H, SARAMA J.Effects of a preschool mathematics curriculum: summative research on the Building Blocks project [J].Journal for Research in Mathematics Education, 2007, 38(2): 136–163.

[12] DANTZIG T.Number: The language of science [M].New York: MacMillan, 1954.

[13] DEFEVER E, SASANGUIE D, GEBUIS T, et al.Children's representation of symbolic and nonsymbolic magnitude examined with the priming paradigm [J].Journal of Experimental Child Psychology, 2011, 109(2): 174–186.

[14] DEHAENE S.Varieties of numerical abilities [J].Cognition, 1992, 44(1–2): 1–42.

[15] DEHAENE S.The organization of brain activations in number comparison: event–related potentials and the additive–factors method [J].J Cogn Neurosci, 1996, 8(1): 47–68.

[16] DEHAENE S.The number sense: How the mind create mathematics [M].New York: Oxford University Press, 1997.

[17] DEHAENE S.Cerebral bases of number processing and calculation [M] //GAZZANIGA M.The New Cognitive Neurosciences.Cambridge, MA: MIT Press, 1999: 987–998.

[18] DEHAENE S.Precis of the number sense [J] .Mind and Language, 2001, 16, 16–36.

[19] DEHAENE S.The neural basis of the Weber–Fechner law: a logarithmic mental number line [J] .Trends in Cognitive Sciences, 2003, 7 (4) : 145–147.

[20] DEHAENE S.Symbols and quantities in parietal cortex: elements of a mathematical theory of number representation and manipulation [M] // HAGGARD P, ROSSETTI Y.Attention & Performance XXII.Sensori–Motor Foundations of Higher Cognition.Cambridge, MA: Harvard Univ. Press, 2007: 527–574.

[21] DEHAENE S.Origins of mathematical intuitions: the case of arithmetic [J] .Annals of the New York Academy of Sciences, 2010, 1156 (1) : 232–259.

[22] DEHAENE S, Brannon E.Space, Time and Number in the Brain: Searching for the Foundations of Mathematical Thought [M] .London: Academic Press, 2011.

[23] DEHAENE S, Changeux J P.Development of Elementary Numerical Abilities: A Neuronal Model [J] .Journal of Cognitive Neuroscience, 1993, 5 (4) : 390–407.

[24] DEHAENE S, DUPOUX E, MEHLER J.Is numerical comparison digital? Analogical and symbolic effects in two–digit number comparison [J] .Journal of Experimental Psychology: Human Perception and Performance, 1990, 16 (3) : 626–641.

[25] DEHAENE S, DEHAENE–LAMBERTZ G, COHEN L.Abstract representations of numbers in the animal and human brain [J] .Trends in

Neurosciences，1998，21（8）：355-361.

[26] DEHAENE S，MOLKO N，COHEN L，et al.Arithmetic and the brain [J]. Current Opinion in Neurobiology，2004，14（2）：218-224.

[27] DEHAENE S，PIAZZA M，PINEL P，et al.Three parietal circuits for number processing [J].Cognitive Neuropsychology，2003，20（3-6）：487-506.

[28] DEHAENE S.Sources of Mathematical Thinking：Behavioral and Brain-Imaging Evidence [J].Science，1999，284（5416）：970-974.

[29] DIESTER I，NIEDER A.Semantic associations between signs and numerical categories in the prefrontal cortex [J].Plos Biology，2007，5（11）：2684-2694.

[30] DUNCAN E M，JR M F C.Isolating the effects of symbolic distance and semantic congruity in comparative judgments：an additive-factors analysis [J].Memory & Cognition，1980，8（6）：612-622.

[31] EBERSBACH M，LUWEL K，FRICK A，et al.The relationship between the shape of the mental number line and familiarity with numbers in 5- to 9-year old children：Evidence for a segmented linear model [J]. Journal of Experimental Child Psychology，2008，99（1）：1-17.

[32] EGER E，STERZER P，RUSS M O，et al.A supramodal number representation in human intraparietal cortex [J].Neuron，2003，37（4）：719-726.

[33] FUHS M W，MCNEIL N M.ANS acuity and mathematics ability in preschoolers from low-income homes：contributions of inhibitory control [J].Developmental Science，2013，16（1）：136-148.

[34] GEARY D C.Reflections of evolution and culture in children\"s cognition：Implications for mathematical development and instruction [J]. American Psychologist，1995，50（1）：24-37.

[35] GEARY D C，HOARD M K，BYRD-CRAVEN J，et al.Cognitive

Mechanisms Underlying Achievement Deficits in Children With Mathematical Learning Disability [J] .Child Dev，2010，78（4）：1343–1359.

[36] GEARY D C，HOARD M K，NUGENT L，et al.Development of Number Line Representations in Children With Mathematical Learning Disability [J] .Developmental Neuropsychology，2008，33（3）：277–299.

[37] GELMAN R.Epigenetic foundations of knowledge structures：Initial and transcendent constructions [M] //CAREY S，GELMAN R.Epigenesis of mind：Essays on biology and cognition.Hillsdale，NJ：Erlbaum，1991：293–322.

[38] GELMAN R，BUTTERWORTH B.Number and language：how are they related? [J] .Trends in Cognitive Sciences，2005，9（1）：6–10.

[39] GRIFFIN S.The development of math competence in the preschool and early school years：Cognitive foundations and instructional strategies [M] //ROYER J.Mathematical cognition.Greenwich，CT：Information Age Publishing，2002：1–32.

[40] GRIFFIN S.Building number sense with Number Worlds：a mathematics program for young children [J] .Early Childhood Research Quarterly，2004，19（1）：173–180.

[41] GRIFFIN S.Number worlds：a research–based mathematics program for young children [M] //Engaging Young Children in Mathematics：Standards for Early Mathematics Education.Lawrence Erlbaum Associates Inc，2004：325–342.

[42] GRIFFIN S A，CASE R，SIEGLER R S.Rightstart：Providing the centre conceptual perrequsites for first formal learning of arithmetic to students at risk for school failure [M] //Classroom Lessons：Integrating Cognitive Theory And Classroom Practice.London：MIT Press，1994：24–49.

[43] HALBERDA J，FEIGENSON L.Developmental change in the acuity of

the \"number sense\": The approximate number system in 3-, 4-, 5-, and 6-year-olds and adults [J].Developmental Psychology, 2008, 44 (5): 1457-1465.

[44] HALBERDA J, LY R, WILMER J B, et al.Number sense across the lifespan as revealed by a massive Internet-based sample [J]. Proceedings of the National Academy of Sciences, 2012, 109 (28): 11116-11120.

[45] HALBERDA J, MICH LE M M.MAZZOCCO F L.Individual differences in non-verbal number acuity correlate with maths achievement [J]. Nature, 2008, 455 (7213): 665-668.

[46] HOLLOWAY I D, ANSARI D.Mapping numerical magnitudes onto symbols: The numerical distance effect and individual differences in children's mathematics achievement [J].Journal of Experimental Child Psychology, 2009, 103 (1): 17-29.

[47] HOLLOWAY I D, ANSARI D.Developmental specialization in the right intraparietal sulcus for the abstract representation of numerical magnitude [J].Cognitive Neuroscience Journal of, 2010, 22 (11): 2627-2637.

[48] HOPE J.Promoting Number Sense in School [J].Arithmetic Teacher, 1989, 36 (6): 12-16.

[49] INGLIS M, ATTRIDGE N, BATCHELOR S, et al.Non-verbal number acuity correlates with symbolic mathematics achievement: But only in children [J].Psychonomic Bulletin & Review, 2011, 18 (6): 1222-1229.

[50] Isaacs E B, EDMONDS C J, LUCAS A, et al.Calculation difficulties in children of very low birthweight [J].Brain, 2001, 124 (Pt 9): 1701-1707.

[51] JORDAN N C, GLUTTING J, RAMINENI C.The importance of number

sense to mathematics achievement in first and third grades [J] .Learning & Individual Differences, 2010, 20 (2) : 82–88.

[52] JORDAN N C, KAPLAN D, LOCUNIAK M N, et al.Predicting First - Grade Math Achievement from Developmental Number Sense Trajectories [J] .Learning Disabilities Research & Practice, 2010, 22 (1) : 36–46.

[53] KAIL R.Speed of Information Processing: Developmental Change and Links to Intelligence [J] .Journal of School Psychology, 2000, 38 (1) : 51–61.

[54] KASTNER B.Number Sense: The Role of Measurement Applications [J] . Arithmetic Teacher, 1989, 36 (6) : 40–46.

[55] KLEIN A, STARKEY P.Fostering preschool children' s mathematical knowledge: Findings from the Berkeley Math Readiness Project [M] // CLEMENTS D H, SARAMA J, DIBIASE A M.Engaging young children in mathematics: Findings of the 2000 national conference on standards for preschool and kindergarten mathematics education.Mahway, NJ: Erlbaum, 2004.

[56] KLEIN A, STARKEY P, CLEMENTS D, et al.Effects of a Pre–Kindergarten Mathematics Intervention: A Randomized Experiment [J] . Journal of Research on Educational Effectiveness, 2008, 1 (3) : 155–178.

[57] KOECHLIN E.Numerical Transformations in Five–month–old Human Infants [J] .Mathematical Cognition, 1997, 3 (2) : 89–104.

[58] KOECHLIN E, NACCACHE L, BLOCK E, et al.Primed numbers: Exploring the modularity of numerical representations with masked and unmasked semantic priming [J] .Journal of Experimental Psychology: Human Perception and Performance, 1999, 25 (6) : 1882–1905.

[59] KROESBERGEN E H, JACCOLINE E V, KOLKMAN M E.Number

Sense in Low-Performing Kindergarten Children: Effects of a Working Memory and an Early Math Training [M] // Reading, Writing, Mathematics and the Developing Brain: Listening to Many Voices. Springer Netherlands, 2012.

[60] LASKI E V, YU Q.Number line estimation and mental addition: Examining the potential roles of language and education [J] .Journal of Experimental Child Psychology, 2014, 117: 29-44.

[61] LEVY L M, REIS I L, GRAFMAN J.Metabolic abnormalities detected by 1H-MRS in dyscalculia and dysgraphia [J] .Neurology, 1999, 53 (3): 639.

[62] LIBERTUS M E, FEIGENSON L, HALBERDA J.Preschool Acuity of the Approximate Number System Correlates with School Math Ability [J]. Developmental Science, 2011, 14 (6) : 1292-1300.

[63] FEIGENSON L, HALBERDA J, LIBERTUS M E.Is Approximate Number Precision a Stable Predictor of Math Ability? [J] .Learning & Individual Differences, 2013, 25 (25) : 126-133.

[64] LIBERTUS M E, ODIC D, HALBERDA J.Intuitive sense of number correlates with math scores on college-entrance examination [J] .Acta Psychologica, 2012, 141 (3) : 373-379.

[65] LIBERTUS M E, WOLDORFF M G, BRANNON E M.Electrophysiological evidence for notation independence in numerical processing [J] . Behavioral and Brain Functions, 2007, 3 (1) : 1.

[66] MALOFEEVA E, DAY J, SACO X, et al.Construction and Evaluation of a Number Sense Test With Head Start Children [J] .Journal of Educational Psychology, 2004, 96 (4) : 648-659.

[67] MAZZOCCO M M, FEIGENSON L, HALBERDA J.Preschoolers' precision of the approximate number system predicts later school mathematics performance [J] .Plos One, 2011, 6 (9) : 1321-1329.

[68] MAZZOCCO M M, FEIGENSON L, HALBERDA J.Impaired Acuity of the Approximate Number System Underlies Mathematical Learning Disability（Dyscalculia）[J] .Child Development, 2011, 82（4）: 1224–1237.

[69] MCINTOSH, ALISTAIRREYS, REYS B J, et al.A proposed framework for examining basic number sense [J] .For the Learning of Mathematics, 1992, 12（3）: 2–44.

[70] MONTAGUE M, VAN GARDEREN D.A Cross–Sectional Study of Mathematics Achievement, Estimation Skills, and Academic Self–Perception in Students of Varying Ability [J] .Journal of Learning Disabilities, 2003, 36（5）: 437–448.

[71] MOYER R S, LANDAUER T K.Time required for Judgements of Numerical Inequality [J] .Nature, 1967, 215（5109）: 1519–1520.

[72] MUSSOLIN C, NYS J, LEYBAERT J, et al.Relationships between approximate number system acuity and early symbolic number abilities[J]. Trends in Neuroscience & Education, 2012, 1（1）: 21–31.

[73] NIEDER A.Coding of abstract quantity by 'number neurons' of the primate brain [J].Journal of Comparative Physiology A, 2013, 199(1): 1–16.

[74] NIEDER A, DEHAENE S.Representation of Number in the Brain [J] . Annual Review of Neuroscience, 2009, 32（1）: 185–208.

[75] NIEDER A, MERTEN K.A Labeled–Line Code for Small and Large Numerosities in the Monkey Prefrontal Cortex [J] .Journal of Neuroscience, 2007, 27（22）: 5986–5993.

[76] NIEDER A, MILLER E K.Coding of cognitive magnitude: compressed scaling of numerical information in the primate prefrontal cortex [J] . Neuron, 2003, 37（1）: 149–157.

[77] NIEDER A, MILLER E K.Analog Numerical Representations in Rhesus

Monkeys: Evidence for Parallel Processing [J] .Journal of Cognitive Neuroscience, 2004, 16 (5) : 889-901.

[78] OPFER J E, SIEGLER R S.Representational change and children's numerical estimation [J] .Cognitive Psychology, 2007, 55 (3) : 169-195.

[79] PETITTO A L.The development of number line and measurement concepts [J] .Cognition and Instruction, 1990, 7 (1) : 55-78.

[80] PIAZZA M, DEHAENE S.From number neurons to mental arithmetic: The cognitive neural science of number sense [M] //GAZZANIGA M S, LEDOUX J E, BIZZI E, et al.The Cognitive Neruoscience.3rd Ed (pp.865-875) .MA Cambridge: MIT Press, 2004.

[81] PIAZZA M, MECHELLI A, BUTTERWORTH B, et al.The quantifying brain: Functional neuroanatomy of numerosity estimation and counting[J]. Neuroimage, 2002, 15: 435-446.

[82] PIAZZA M, VRONIQUE IZARD, PINEL P, et al.Tuning curves for approximate numerosity in the human intraparietal sulcus [J] .Neuron, 2004, 44 (3) : 547-555.

[83] PINEL P, LE CLEC H G, PIERRE-FRANCOIS V D M, et al.Event-related fMRI analysis of the cerebral circuit for number comparison [J] . NeuroReport, 1999, 10 (7) : 1473-1479.

[84] PINEL P, DEHAENE S, DENIS R, Et al.Modulation of Parietal Activation by Semantic Distance in a Number Comparison Task [J] . Neuroimage, 2001, 14 (5) : 1013-1026.

[85] PINEL P, PIAZZA M, BIHAN D L, et al.Distributed and overlapping cerebral representations of number, size, and luminance during comparative judgments [J] .Neuron, 2004, 41 (6) : 983-993.

[86] PLODOWSKI A, SWAINSON R, JACKSON G M, et al.Mental Representation of Number in Different Numerical Forms [J] .Current

Biology, 2003, 13 (23): 2045–2050.

[87] PRICE G R, PALMER D, BATTISTA C, et al.Nonsymbolic numerical magnitude comparison: Reliability and validity of different task variants and outcome measures, and their relationship to arithmetic achievement in adults [J].Acta Psychologica, 2012, 140 (1): 50–57.

[88] RAMANI G B, SIEGLER R S.Promoting Broad and Stable Improvements in Low - Income Children's Numerical Knowledge Through Playing Number Board Games [J].Child Development, 2010, 79 (2): 375–394.

[89] RAMANI G B, SIEGLER R S, HITTI A.Taking It to the Classroom: Number Board Games as a Small Group Learning Activity [J].Journal of Educational Psychology, 2012, 104 (3): 661–672.

[90] RAVEN J, RAVEN J C, COURT J H.Manual for RavenS Progressive Matrices and Vocabulary Scales.Section 1: General Overview [M].San Antonio, TX: Harcourt Assessment, 2003.

[91] REYS B J.Promoting Number Sense in the Middle Grades [J]. Mathematics Teaching in the Middle School, 1994, 1 (2): 114–120.

[92] REYS R, REYS B, GRAN E, et al.Assessing Number Sense of Students in Australia, Sweden, Taiwan, and the United States [J].School Science & Mathematics, 2010, 99 (2): 61–70.

[93] REYS R E, YANG D C.Relationship between Computational Performance and Number Sense among Sixth– and Eighth–Grade Students in Taiwan [J].Journal for Research in Mathematics Education, 1998, 29 (2): 225–237.

[94] SALTHOUSE T A.The Processing–Speed Theory of Adult Age Differences in Cognition [J].Psychological Review, 1996, 103 (3): 403–428.

[95] SARAMA J, CLEMENTS D H.Building Blocks for early childhood mathematics [J].Early Childhood Research Quarterly, 2004, 19 (1):

181–189.

[96] SASANGUIE D, GBEL S M, MOLL K, et al.Approximate number sense, symbolic number processing, or number–space mappings: What underlies mathematics achievement? [J] .Journal of Experimental Child Psychology, 2013, 114 (3) : 418–431.

[97] SAWAMURA H, SHIMA K, TANJI J.Numerical representation for action in the parietal cortex of the monkey [J] .Nature (London) , 2002, 415 (6874) : 918–922.

[98] SCHNEIDER M, HEINE A, THALER V, et al.A validation of eye movements as a measure of elementary school children\"s developing number sense [J] .Cognitive Development, 2008, 23 (3) : 409–422.

[99] SIEGLER R S.Emerging minds: The process of change in children' s thinkingp [M] .New York: Oxford University Press, 1996.

[100] SIEGLER R S.Improving the Numerical Understanding of Children from Low–Income Families[J].Child Development Perspectives, 2010, 3(2): 118–124.

[101] SIEGLER R S, BOOTH J L.Development of numerical estimation [J] . Child Dev, 2010, 75 (2) : 428–444.

[102] SIEGLER R S, MU Y.Chinese Children Excel on Novel Mathematics Problems Even Before Elementary School [J] .Psychological Science, 2008, 19 (8) : 759–763.

[103] SIEGLER R S, OPFER J E.The Development of Numerical Estimation: Evidence for Multiple Representations of Numerical Quantity [J] . Psychological Science, 2003, 14 (3) : 237–250.

[104] SIEGLER R S, RAMANI G B.Playing linear numerical board games promotes low - income children's numerical development [J] . Developmental Science, 2010, 11 (5) : 655–661.

[105] SIEGLER R S, RAMANI G B.Playing linear number board games—but not circular ones—improves low-income preschoolers' numerical understanding [J] .Journal of Educational Psychology, 2009, 101 (3): 545-560.

[106] SIEGLER R S, RAMANI G B.Improving low-income children' s number sense [M] //DEHAENE S, BRANNON E M.Space, time and number in the brain: Searching for the foundations of mathematical thought (attention and performance) (pp.343-354) .London: Academic Press, 2011.

[107] SIEGLER R S, THOMPSON C A, OPFER J E.The Logarithmic-to-Linear Shift: One Learning Sequence, Many Tasks, Many Time Scales[J]. Mind Brain & Education, 2010, 3 (3) : 143-150.

[108] SIEGLER R S, THOMPSON C A, SCHNEIDER M.An integrated theory of whole number and fractions development [J] .Cognitive Psychology, 2011, 62 (4) : 273-296.

[109] SIMMS V, MULDOON K, TOWSE J.Plane thinking: Mental representations in number line estimation as a function of orientation, scale, and counting proficiency [J] .Journal of Experimental Child Psychology, 2013, 115 (3) : 468-480.

[110] OLIVIER S, FERATH K, GUILLAUME F, et al.Automatized clustering and functional geometry of human parietofrontal networks for language, space, and number [J] .Neuroimage, 2004, 23 (3) : 1192-1202.

[111] SIMON T J, HESPOS S J, ROCHAT P.Do infants understand simple arithmetic? A replication of Wynn (1992) [J] .Cognitive Development, 2015, 10 (2) : 253-269.

[112] SLUSSER E B, SANTIAGO R T, BARTH H C.Developmental Change in Numerical Estimation [J] .J Exp Psychol Gen, 2013, 142 (1) :

193–208.

[113] SOWDER J T.Mental Computation and Number Sense [J] .Arithmetic Teacher，1990，37 (7) ：18–20.

[114] SOWDER J T.Estimation and number sense [J] .Grouws D Handbook of Research on Mathematics Teaching & Learning，1992：371–389.

[115] STANESCU–COSSON R.Understanding dissociations in dyscalculia：A brain imaging study of the impact of number size on the cerebral networks for exact and approximate calculation [J] .Brain，2000，123 (11) ：2240–2255.

[116] STARKEY P，JR C R.Perception of numbers by human infants [J] . Science，1980，210 (4473) ：1033–1035.

[117] STARKEY P，KLEIN A，WAKELEY A.Enhancing young children' s mathematical knowledge through a pre–kindergarten mathematics intervention [J] .Early Childhood Research Quarterly，2004，19 (1) ：99–120.

[118] TEMPLE E，POSNER M I.Brain mechanisms of quantity are similar in 5–year–old children and adults [J] .Proceedings of the National Academy of Sciences，1998，95 (13) ：7836–7841.

[119] TURCONI E，JEMEL B，ROSSION B.Electrophysiological evidence for differential processing of numerical quantity and order in humans [J] . Cognitive Brain Research，2004，21 (1) ：22–38.

[120] ULLER C.What Representations Might Underlie Infant Numerical Knowledge? [J] .Cognitive Development，1999，14 (1) ：1–36.

[121] VERGUTS T，FIAS W.Representation of Number in Animals and Humans：A Neural Model [M] .MIT Press，2004.

[122] VERGUTS T，FIAS W.Symbolic and nonsymbolic pathways of number processing [J] .Philosophical Psychology，2008，21 (4) ：539–554.

[123] WILSON A J，DEHAENE S，OPH LIE D，Et al.Effects of an

Adaptive Game Intervention on Accessing Number Sense in Low-Socioeconomic-Status Kindergarten Children [J] .Mind Brain & Education，2010，3（4）：224-234.

[124] WYNN K.Addition and subtraction by human infants [J] .Nature，1992，358（6389）：749-750.

[125] WYNN K.Origins of Numerical Knowledge [J] .Mathematical Cognition，1995，1（1）：35-60.

[126] XU F，SPELKE E，GODDARD S.Number Sense in Human Infants [J] .Developmental Science，2010，8（1）：88-101.

[127] YANG D C.Teaching and Learning Number Sense - An Intervention Study of Fifth Grade Students in Taiwan [J] .International Journal of Science and Mathematics Education，2003，1（1）：115-134.

[128] YANG D C，REYS R E，REYS B J.Number Sense Strategies Used by Pre-Service Teachers in Taiwan [J] .International Journal of Science & Math Education，2009，7（2）：383-403.

[129] YANG D C，WU W R.The Study of Number Sense：Realistic Activities Integrated into Third-Grade Math Classes in Taiwan [J] .The Journal of Educational Research，2010，103（6）：379-392.

[130] ZAGO L，PETIT L，TURBELIN M，et al.How verbal and spatial manipulation networks contribute to calculation：An fMRI study [J] .Neuropsychologia，2008，46（9）：2403-2414.

[131] ZORZI M，PRIFTIS K，UMILT　C.Brain damage：neglect disrupts the mental number line [J] .Nature，2002，417（6885）：138-139.

[132] 陈丽兰.儿童数值估计研究综述 [J] .心理研究，2008，1（3）：38-41.

[133] 陈英和.儿童数量表征与数概念的发展特点及机制 [J] .心理发展与教育，2015，31（1）：21-28.

[134] 邓铸，朱晓红.心理统计学与 SPSS 应用 [M] .上海：华东师范大

学出版社，2009.
[135]郭成，陈红 . 试论小学数学课堂教学中创设问题情境的有效策略[J]. 课程 . 教材 . 教法，1999（9）：48-52.
[136] 郭成 . 课堂教学设计 [M] . 北京：人民教育出版社，2006.
[137]郭民，史宁中 . 小学生数感发展规律与特征的实证研究及其启示[J]. 数学教育学报，2011，20（1）：23-25.
[138] 韩瑽瑽，陈蒲晶，陈英和 . 儿童数概念发展的影响因素：表面相似性效应与标签效应 [J] . 心理发展与教育，2010，26（5）：449-456.
[139] 黄希庭 . 心理学导论 [M] . 北京：人民教育出版社，2001.
[140] 霍雨佳，郭成 . 儿童数感量表的编制 [J] . 西南大学学报（自然科学版），2015，37（4）：88-92.
[141] 克鲁切茨基 . 中小学数学能力心理学 [M] . 北京：教育科学出版社，1984.
[142] 林崇德 . 小学儿童数概念与运算能力发展的研究 [J] . 心理学报，1981，13（3）：43-52.
[143] 林崇德 . 智力发展与数学学习 [M] . 北京：科学出版社，1982.
[144] 林素微 . 国小高年级学童数感特征暨计算机化数感动态评价发展之探讨 [D] . 台北：台湾师范大学，2003.
[145] 刘范，吕静，沈家鲜，等 . 国内十个地区 7—12 岁儿童数学概念和运算能力发展的初步研究 [J] . 心理学报，1981（2）：135-149.
[146] 刘蕴坤，陶沙 . 数学成就的性别差异 [J] . 心理科学进展，2012，20（12）：1980-1990.
[147] 陆珺 . 国内数感研究综述 [J] . 课程教材教法，2009（6）：46-50.
[148] 马云鹏，史炳星 . 认识数感与发展数感 [J] . 数学教育学报，2002，11（2）：46-49.
[149] 潘星宇，俞清怡，苏彦捷 . 从数感看儿童数表征的发展 [J] . 华东师范大学学报（教育科学版），2009，27（4）：30-41.

[150] 祁心禹．小学高年级学生数感发展现状的调查研究［D］．长春：东北师范大学，2012：13–15.
[151] 乔福强．数感、数学效能感与数学成绩的关系［D］．济南：济南大学，2010：37–39.
[152] 邵景进，姚雪，张庆华．中小学数学教师数感内隐观的调查研究［J］．心理学探新，2009，29（5）：62–66.
[153] 史宁中，吕世虎．对数感及其教学的思考［J］．数学教育学报，2006，15（2）：9–11.
[154] 司继伟，孙燕，李艳霞．小学高年级数感量表的初步编制［J］．山东师范大学学报（人文社会科学版），2010，55（5）：106–111.
[155] 汤服成，郭海燕．“数感”与“数感”的习得——学习《课程标准》的一点体会［J］．百色学院学报，2003，16（3）：1–4.
[156] 熊丙章．小学儿童的数感发展研究［D］．重庆：重庆师范大学，2005：17–19.
[157] 熊丙章，毛君顺．情感成分对数感发展影响的调查研究［J］．成都师范学院学报，2005，21（10）：15–16.
[158] 滕发祥．数感及其教育价值［J］．课程教材教法，2004（12）：47–50.
[159] 许清阳．国小学童数感理论模式建构与电脑化数感诊断测验系统之研究［D］．高雄：高雄师范大学博士学位论文，2006.
[160] 许清阳．国小高年级学童数字常识发展之研究［D］．台北：嘉义大学，2002：34–36.
[161] 许艳丽，崔春霞．“数学能力性别差异”分析［J］．数学教育学报，2007，16（2）：32–34.
[162] 谢茜．对我国 5、6、7 年级学生数感现状的调查研究［D］．上海：华东师范大学，2006：26–28.
[163] 张大均．教学心理学［M］．重庆：西南师范大学出版社，1997.
[164] 张隽．小学低年级数量估算策略训练促进数感发展的实验研究［D］．

苏州：苏州大学，2009：32-34.

[165] 张力维 . 小学高年级学生数感特点及差异性研究 [D]. 长春：东北师范大学，2009：24-26.

[166] 赵晖，张红川，周新林，等 . 不同符号形式数字的数量表征 [J]. 心理科学，2008，31（3）：524-527.

[167] 赵振国 .3—6 岁儿童估算和数感的发展研究 [D]. 上海：华东师范大学，2006.

[168] 中华人民共和国教育部 . 义务教育数学课程标准（2011 年版）[S]. 北京：北京师范大学出版社，2012：5-9.

[169] 周步成 . 测验的标准化：学习动机诊断测验（MAAT）[M]. 上海：华东师范大学出版社，1991.

附　录

儿童数感干预的教学设计（案例）

活动名称：感受大数。

干预教学的目的：通过实际操作活动使学生获得对数的体验和感知，并在对数的感受和觉察的基础之上，对一些现实生活中的数学问题形成自己的判断，同时逐渐形成一种对判断结果的坚定信念和确信感。

干预教学的重点：通过实际操作活动来获得对数的体验和感知，并在对数的感受和觉察的基础之上，对一些现实生活中的数学问题形成自己的判断。

干预教学的难点：学生通过对现实生活中一些数学问题的判断，逐渐形成一种对判断结果的坚定信念和确信感。

活动材料：大米、黄豆、皮尺。

活动场所：室内 / 室外。

教学干预过程：

一、创设情境，提出问题

1. 教师提问："前面我们学习了 1000 这个数（同时在黑板上板书'1000'这个数字），请你谈谈对 1000 这个数的感受和认识，你认为 1000 这个数大吗？"

2. 教师对学生的回答进行总结，学生对 1000 这个数的感受主要有以下三种：

（1）感到 1000 是一个不大的数；

（2）感到 1000 是一个不小的数；

（3）感到 1000 是一个很大的数。

教学设计分析：我们之所以要选择 1000 这个数让学生来谈感受和认识，主要是由于小学三年级学生的生活经历还不是非常丰富，感知和认识 1000 这个较大的数还存在一些困难，因此把 1000 这个数作为感受大数的开始。同时，学生对这个问题的回答一般是依赖于一个具体的背景，依托的具体背景不同，那么学生对数的感受也会不一样，教师在对学生的回答进行引导和总结时，一定要注意以下三点：第一，学生的回答没有对错之分，对数的感受和认识没有固定的标准，每一个人对数都会有不同的感受，因此应鼓励学生说出自己最真实的感受和想法，不要有说错的顾虑。第二，教师要引导学生认识到对数的感受不仅具有个体的差异性，同时个体对数的感受还具有情境性，即学生对数的感受是和具体的情境相关联的，情境不同个体对的感受也会不同。第三，教师要对学生的回答进行总结和概括，学生回答的表述可能各不相同，但是归纳起来大致有“小、中、大”三种不同的感受，在下面的教学活动中，教师就可以引导学生从“小、中、大”这三种不同的背景入手，设计不同的操作活动来对 1000 这个数进行实际的体验和感受。

二、实际操作，感受体验

1. 通过“数一数”“估一估”等活动，体验和感受 1000 是一个不大的数。

活动 1：通过数出 1000 粒大米和黄豆，发现并没有想象的那么多。

操作过程：

步骤 1：首先，启发学生一粒一粒数出大米和黄豆既费时又费力，可以先抓一把大米或黄豆，数出有多少粒，在以此为参考得到 1000 粒大米和黄豆。

步骤 2：接下来，教师可先让学生抓一把大米，数一数有几粒；再抓一把黄豆，估一估有多少粒。这时有的学生可能还没有感知到大米和黄豆之间的大小关系，而有的学生可能已经感知到大米和黄豆之间的大小关系，并会根据大米和黄豆之间的大小关系来估计黄豆的数量。

步骤 3：教师让学生把抓出来的黄豆数量数一数，让学生自己看看估计得怎么样。老师此时可以追问：同一个人抓，为什么一把大米会比一把黄豆的数量多？这时学生就会慢慢感悟到大米和黄豆之间的大小关系会影响抓到的大米和黄豆的数量，因为一粒黄豆比一粒大米大，所以同样抓一把，大米比黄豆的数量多。

步骤 4：学生根据各自一把大米和黄豆的数量，以此为参考单位得到 1000 粒大米和黄豆，同时发现 1000 粒大米和黄豆并没有想象的那么多，进而体验和感受到 1000 是一个不大的数。

教学设计分析：设计活动 1 的主要目的是要培养学生估计策略的使用和对数及其关系的感知。一方面，引导学生以一把大米或黄豆为基本单位，来得到 1000 粒大米和黄豆，这样就培养了学生使用基准数（benchmark）这种估计策略来对物体的数量进行合理地估计，并且在后续的活动中还要继续使用这种策略来解决一些实际问题，以巩固对这种估计策略的掌握和使用。另一方面，通过一把大米和黄豆数量的不同，来引导学生感知大米和黄豆之间的大小关系，并根据大米和黄豆之间的大小关系来估计黄豆的数量，这样就可以提高学生对数及其关系的感知和把握。

2. 通过“跑一跑”“走一走”等活动，体验和感受 1000 是一个不小的数

活动 2：通过跑一跑和走一走 1000 米的距离，发现 1000 米不是很短。

步骤 1：通过学生在学校的跑道跑步来体验和感受 1000 米，学校跑道一圈是 200 米，学生跑 5 圈就是 1000 千米，同时还可以要求学生记录下自己跑 1000 米距离所用的时间。

步骤 2：从学校出门往左边一直走到人民广场是 1000 米，那么从学校出门往右边一直走到哪里正好是 1000 米呢？

步骤 3：学生对 1000 米的距离已经有了直观的体验和感受，可以设置

一些问题在对1000米有所体验的基础之上形成对一些距离问题的判断。如：请你找一找你生活周围还有哪些距离为1000米？你能估计一下学校和家之间的路程是多少吗？你从学校走到家里大约需要多长时间呢？

教学设计分析：设计活动2的主要目的是要学生通过“跑一跑”和“走一走”等身体活动来亲身感受1000米距离的长度。在跑步和步行的过程中要注意以下两点问题：第一，学生已经通过跑步感受了1000米的距离长度，那么还有必要再让学生通过步行1000米来再感受一次吗？其实，跑步和步行的主要区别不是体现在1000米这个距离上面，它们之间的差异主要体现在对数的空间知觉上，当学生在跑道上跑1000米时，跑道是弯曲的，而学生步行1000米时，步行的路程是直线，所以跑步和步行1000米不仅身体的感受是不一样的，而且更为重要的是学生对1000米的空间知觉也是有非常大的差异的，通过跑步到步行活动的转换，学生对1000米的空间知觉也就从弯曲的1000米拓展到了直线的1000米，这样学生对1000米的感受和体验就变得更加多样和深刻了。第二，让学生记下跑步和步行的时间，是要学生对自己跑步和步行1000米的时间有一个大概的感知和把握，以后可以以此为基准数或基本单位来对自己到达某地的时间进行估计，这也是对在活动1刚学习的基准数估计策略的第二次使用和巩固。

课外活动1：请同学们课下去超市调查1000元钱可以购买的东西。

课外活动说明：教师可以把全班学生分成若干个调查小组，并指导每一个小组制订一个调查计划，并且在课后完成调查。下一次在干预课堂上，让每一个小组的学生介绍自己小组的调查结果，并发表自己的感想和看法。教师针对学生的调查结果和发表的感想进行指导和启发。通过这次调查活动，学生应该可以发现1000元可以买到数量比较多的东西或者可以买到价格比较高的物品，从而体验和感受1000是一个不小的数。

教学设计分析：干预教学中的学生活动并不一定都要求全部都要在课堂上进行，这主要是因为课堂教学时间有限，同时有些活动也不适合在课堂上展开和进行。比如对1000元可以购买的东西，虽然教师也可以通过让学生阅读超市商品价格表，来得到这个问题的答案，但是这样得出的结果学生的体验和感受不会非常深刻，通过让学生到超市进行实地的调查，不仅可以获得问题的答案，更重要的是学生在调查的过程中对 1000 元的大小有了更加深刻体验和认识，这样更有利于在后面的拓展活动中对商场货品的让利单位进行合理的判断。

3. 通过“量一量”“估一估”等活动，体验和感受 1000 是一个很大的数。

活动 3：通过估测学校附近缙云山的海拔高度，发现 1000 米的高度很高。

操作过程：

步骤 1：“教学楼是同学们每天学习的主要场所，同学们课间操结束后都要上楼回到教室继续学习，请你谈谈爬楼的体验和感受?

步骤 2：“同学们想一想，能用什么方法估测一下学校教学楼的高度？”

步骤 3：教师进一步启发学生直接测量教学楼的高度既费时又费力，同学们可以测量出自己的身高，再以自己的身高为基本单位，估测出学校教学楼的高度。

步骤 4：教师可以让学生以小组为单位相互测量出自己的身高，同学们可以发现自己的身高基本在 1 米多，接着再以各自的身高为基本单位来估测出学校教学楼的高度。

步骤 5：“上次学校组织春游，同学们都去爬过学校附近的缙云山，同学们觉的缙云山高吗？”请学生充分回忆一下爬山的经历，有利于后面更好和更深刻地体会和感受缙云山的山高。

步骤 6：“同学们想一想，能用什么方法估测一下学校附近缙云山的高度？”

步骤 7：教师引导学生使用与估测教学楼相同的方法，以学校教学楼为基本单位来估测出学校附近缙云山的海拔高度大约有 1000 多米，相当于同学们自己身高的 1000 倍，同时结合同学们爬上的体验，感受到 1000 米的高度确实很高。

教学设计分析：教师在组织学生进行活动 3 时，因为已经有了前面两次活动的经验，所以活动 3 的教学方式可以主要以学生自主探究、合作交流为主，教师只是起一个组织和引导的作用，教师可以把全班学生分成若干个探究小组，教师提出问题引导各个小组进行积极的探究和交流。教师可以通过到每一个小组去进行指导的方式来了解学生对问题的解决情况，也可以让每一个小组的代表来介绍自己小组的结果，并发表自己的感想和看法。教师通过不断地提出问题来推动活动的循序进行，并针对学生的结果和发表的感想进行指导和启发。

课外活动 2：请同学们课下去停车场调查 1000 辆小汽车的占地面积。

课外活动说明：首先，启发学生如何得出 1000 辆汽车的占地面积，直接测量 1000 辆汽车的占地面积比较困难，所以可以先测量出停车场一辆汽车的占地面积，以此为基本单位估测出 1000 辆汽车的占地面积。通过估测停车场 1000 辆汽车的占地面积，发现占地面积相当大。

教学设计分析：设计课外活动的目的和作用在于通过课外活动可以进一步加深和拓展学生对数的感知和认识，应用课堂中所学习的估计策略和方法来解决现实生活中所遇到的数学问题，其实现实生活像这样的问题还有很多，比如估计一个人的 1000 步大约有多长，估测 1000 名学生做广播体操大概需要多大的场地等，我们这里只是列举了其中的一个问题，教师在实际干预的过程中可以根据具体情况灵活设计问题，只要问题有利于儿童数感的形成和培养就都是可以的。

4. 教师对第二阶段的实际操作活动进行总结，同样是 1000 这个数，在不同的情景中给人的感觉和体验是不一样的，因此在实际生活中，应当根据所处的情景来选择和应用数字。在学生实际操作和汇报之后，教师进行适当的总结是非常重要的。

三、拓展活动，感知应用

通过上面的实际操作活动，学生已经形成了对 1000 这个数的直观体验和感受，

在拓展活动中，学生将在对数的感受和觉察的基础之上，让学生把对

数的感受和认识应用到现实情境中的数学问题中去，让学生心中有“数”，在脱离实物情况下用“数”对问题进行判断。为此，设计了以下一组问题。

问题：某百货商场举行国庆让利促销活动，请同学们思考以下问题：

1. 如果是几千元的商品，那么合适的让利单位应当是多少？

2. 如果是几百元的商品，那么合适的让利单位应当是多少？

3. 如果是几十元的商品，那么合适的让利单位应当是多少？

请你说出合适的让利单位，并说明选择这个单位的理由。

教师可以把全班学生分成若干个讨论小组，并以小组为单位先让同学们自己互相讨论和交流，同学在小组内发表自己的看法后，其它小组成员要对他的看法做出评价和分析，教师对部分小组进行指导，因为这些问题没有标准答案，只要学生的答案是合理的，教师都应对他们进行肯定和鼓励，这样学生就会逐渐对自己的判断建立信心和确定感。小组讨论结束后，教师可以先让每一个小组的代表介绍自己小组对问题的看法，最后教师针对学生的答案和看法进行指导和评价。

教学设计分析：这些问题并没有确切和固定的标准答案，设计这些问题的目的是让同学们在感知数及其关系的基础之上，可以对一些现实生活中的数学问题形成自己的判断。根据一般人的感觉，对上述三个问题让利单位依次为百元、十元、元是比较合理的。其实，现实生活中像这样的数学问题是很多的，比如，小红的要去菜市场买今天中午吃的的蔬菜，她带100元够吗？如果她是要去买房子呢？去菜市场买菜，带100元钱就足够多了，但是如果是要去购买房子，那么只带100元是远远不够的。我们这里只是列举了其中的一组问题，教师在实际干预的过程中可以根据具体情况灵活设计问题，只要问题有利于儿童数感的形成和培养就都是可以的。通过这样的讨论，一方面可以让学生把对数的感受和认识应用到现实情境中的数学问题中去。在对数及其关系形成一定感知的基础之上，可以对同学们在现实生活中所遇到的一些数学问题形成自己的判断，让学生认识到数感在现实生活中是有用的，提高学生应用数感的态度和意识。另一方面，学生通过对现实生活中一些数学问题的判断，可以逐渐形成一种对判断结果的坚定信念和确信感，这种情感体验的获得对提高儿童的数感是非常重要的。因此，教师在对学生的回答进行评价时，应该注意只要学生的答案是合理的，教师都应对他们进行肯定和鼓励，这样学生就会逐渐对自己的判断建立信心和确定感。

四、总结反思、加深认识

在前面三个阶段的活动结束后，教师要注意对儿童参加整个活动的过程和结果进行总结，对儿童在教学干预中的表现进行评价，鼓励他们对自己在干预活动中对所遇到的问题进行反思。评价反思的形式可以以教师为主，也可以以小组为单位，组织儿童进行小组合作学习，展开小组成员之间的互评，并对小组成员所共同遇到的问题进行深入的讨论与交流，以此加深对该问题的理解和认识。同时，还可以以儿童自我总结和评价的方式进行，一方面，可以引导儿童把自己在干预活动中所形成的对数的感受和体验进行提炼和总结，积累相关的数学活动经验，进一步提高他们对数及其关系的理解和感悟；另一方面，可以通过数学日记等方式，让学生把干预活动中的感想和体会记录下来，增强他们对数学的学习兴趣和自信心。